全民阅读
中华优秀传统文化
经典系列

刘苍劲 丛书主编

元曲三百首

任中敏 选编
卢 前 修订
邓启铜 诸 华 注释
昌庆志 昌中信 导读
周 涵 毛 峰 等 配音

北京师范大学出版集团
BEIJING NORMAL UNIVERSITY PUBLISHING GROUP
北京师范大学出版社

图书在版编目(CIP)数据

元曲三百首/任中敏选编，卢前修订，邓启铜、诸华注释. —北京：北京师范大学出版社，2019.1
（中华优秀传统文化经典系列）
ISBN 978-7-303-23094-5

Ⅰ. ①元… Ⅱ. ①任… ②卢… ③邓… ④诸… Ⅲ. ①元曲—选集 ②元曲—注释 Ⅳ. ①I222.9

中国版本图书馆 CIP 数据核字(2017)第 289889 号

营 销 中 心 电 话　010-58805072　58807651
北师大出版社高等教育与学术著作分社　http://xueda.bnup.com

YUANQU SANBAI SHOU
出版发行：北京师范大学出版社 www.bnup.com
　　　　　北京市海淀区新街口外大街 19 号
　　　　　邮政编码：100875
印　　刷：大厂回族自治县正兴印务有限公司
经　　销：全国新华书店
开　　本：787 mm×1092 mm　1/16
印　　张：21.5
字　　数：330 千字
版　　次：2019 年 1 月第 1 版
印　　次：2019 年 1 月第 1 次印刷
定　　价：50.00 元

策划编辑：祁传华　魏家坚　　　责任编辑：王星星　邸玉玲
美术编辑：王齐云　　　　　　　装帧设计：王齐云
责任校对：韩兆涛　　　　　　　责任印制：马　洁

继承和弘扬中华优秀传统文化
大力加强社会主义核心价值观教育

　　中华文化源远流长、灿烂辉煌。在五千多年文明发展中孕育的中华优秀传统文化，积淀着中华民族最深沉的精神追求，代表着中华民族独特的精神标识，是中华民族生生不息、发展壮大的丰厚滋养，是中国特色社会主义植根的文化沃土，是当代中国发展的突出优势，对延续和发展中华文明、促进人类文明进步，发挥着重要作用。

　　中共十八大以来，以习近平总书记为核心的党中央高度重视中华优秀传统文化的传承发展，始终从中华民族最深沉精神追求的深度看待优秀传统文化，从国家战略资源的高度继承优秀传统文化，从推动中华民族现代化进程的角度创新发展优秀传统文化，使之成为实现"两个一百年"奋斗目标和中华民族伟大复兴中国梦的根本性力量。习近平总书记指出："一个国家、一个民族的强盛，总是以文化兴盛为支撑的，中华民族伟大复兴需要以中华文化发展繁荣为条件。""中华传统文化博大精深，学习和掌握其中的各种思想精华，对树立正确的世界观、人生观、价值观很有益处。"

　　中华文化独一无二的理念、智慧、气度、神韵，增添了中国人民和中华民族内心深处的自信和自豪，也孕育培养了悠久的文化传统和富有价值的文化因子。传承发展中华优秀传统文化，就要大力弘扬讲仁爱、重民本、守诚信、崇正义、尚和合、求大同等核心思想理念，就要大力弘扬自强不息、敬业乐群、扶危济困、见义勇为、孝老爱亲等中华传统美德，就要大力弘扬有利于促进社会和谐、鼓励人们向上向善的思想文化内容。当前，我们强调培育和弘扬社会主义核心价值观，必须立足中华优秀传统文化，使中华优秀传统文化成为涵养社会主义核心价值观的重要源泉。核心价值理念往往与文化传统与文化积淀息息相关、一脉相承。社会主义核心价值观充分体现了对中华优秀传统文化的继承和升华。"富强、民主、文明、和谐，自由、平等、公正、法治，爱国、敬业、诚信、友善"的社会主义核心价值观，既深刻反映了社会主义中国的价值理念，更是五千年中华优秀传统文化的传承与发展。将中华优秀传统文化作为社会主义核心价值观教育的重要素材，以中华优秀传统文化涵养社会主义核心价值观，是明确文化渊源和民族文魄，树立文化自信和价值观自信，走好中国道路和讲好中国故事的必然要求。

2017年1月，中共中央办公厅、国务院办公厅印发了《关于实施中华优秀传统文化传承发展工程的意见》，将实施中华优秀传统文化传承发展工程上升到建设社会主义文化强国的重大战略任务的高度，力图在全社会形成重视中华优秀传统文化、学习弘扬中华优秀传统文化的氛围。由刘苍劲教授组织广东省上百位专家学者历时三年主编的这套"全民阅读·中华优秀传统文化经典系列"丛书，是广东省贯彻落实习近平总书记关于大力弘扬中华优秀传统文化系列讲话精神的重大举措，是具有广东特色、岭南气派的文化大工程。该套丛书真正体现了全民阅读的需要，每本经典都配有标准的拼音、专业的注释、精美的诵读，使不同阶层、不同文化、不同年龄、不同专业的中国人都可以读懂、读通、读透这些经典。通过客观、公正的导读指导，有机会阅读该丛书的读者都能够在阅读中华优秀传统文化经典中受到历史、政治、科学、人文、道德等多方面的启迪，在阅读中弘扬、在阅读中继承、在阅读中扬弃，从而实现树立社会主义核心价值观的目的。

该丛书质量精良，选题准确，导读科学，值得推荐，是为序。

刘苍劲

2018年6月

序

　　昔吴公子札观周乐，闻大雅，曰"曲而有直体"；颂，则曰"曲而不屈"。前尝假"直""不屈"二义，论有元之曲。夫唐诗宋词元曲，自时代言之者，各有其所胜。然诗必雅正，词善达要眇之情，曲则庄谐并陈，包涵恢广。自体制言之，亦各有其专至，不相侔也。唯诗在唐后，一再演变，虽曰未穷，途径之凿辟殆尽。若词随宋亡而亡，形体徒存，不复能别开异境。独曲未造极，世称元曲，顾曲实非元所能尽耳。

　　往在南都，中敏有《元曲三百首》之辑，善踵蘅塘退士之于唐诗、强村翁之于宋词而为者。时元曲传本，仅有杨朝英二选与天一阁藏《乐府群玉》；诸家别集及《乐府新声》尚未得见，故卷中所录颇不称。或二三首，或十数首，而张可久多至七十二首。选录初毕，殊未自慊。今年，前从闽海还渝城，居北碚山馆，纂全元曲二百二十八卷成，因取中敏旧选，略加删定，去南都始订兹编且十七年矣。而今日之世，为五千年来所未曾睹，凡百旧文，何足状当前情事万一？描影绘声，惟酣畅淋漓、直不屈之曲体其庶几乎！是涵泳无妨元曲之中，而取材必在元曲之外，《元曲三百首》者，聊备体格，供来者之玩索而已。

一九四三年十月十日　卢　前

吹笛到天明

曰晚樵費丹旭寫

仕女屏之杏花疏影图　清·费丹旭

目录

芳园独乐图　明·沈　周

观涛图　清·袁
江

导　读

昌庆志　昌中信

　　中华文化源远流长，博大精深。我国传统文化丰富的宝藏中，不仅有唐诗、宋词及汉赋，还有家喻户晓、妇孺皆知的元代散曲。元曲是我国格律诗和词的继承和发展，是汉族传统文化与其他民族文化融合的新结晶。王国维曾谓其为"一代之绝作""千古独绝之文字"（《宋元戏曲考》）。作为元代文学的代表，它以其特殊的艺术成就在中国文学史上占有重要的地位，千百年来一直为人们所传诵，泽被一代又一代华夏儿女。这些元曲，通俗易懂，深入浅出，源于民间又广泛地在民间得以传播和迅速发展，脍炙人口，题材宽广，不拘一格，直接明快，意境深远，或抒情，或言志，或讥时，或刺弊。语言上纵横捭阖，自由奔放，有白话的独创优势。王国维更进一步指出："律诗与词固莫盛于唐宋，然此二者果为二代文学中最佳之作否，尚属疑问；若元之文学，则固未有尚于其曲者也。"在元代，无论是才华横溢的文人士子，还是酒馆茶楼的二八歌女，或是小巷深处的小商小贩，都会哼上一些曲子。在那时，元曲可以说是一种普罗大众的全民娱乐活动，浸染着浓厚的人间烟火气息。

　　元曲的产生、发展和衰落，只在不足百年之间，但在这有限的时间里，元曲所取得的辉煌成果却为人所称羡，光照后世，正如近代国学大师王国维所说："唐之诗，宋之词，元之曲，皆所谓一代文学也，而后世莫能及焉者也！"元曲是起源于民间的"俗谣俚曲"，盛行于我国元代的一种新兴诗歌体。大家通常所说的元曲，包括两种性质不同的文体：一是剧曲，即元杂剧，是一种以曲为主，结合动作、念白来表演故事的戏曲形式，是元人杂剧中为叙述故事或抒发人物情感服务的；二是散曲，是一种合乐可歌的诗体文学，无念白、科介，只用于清唱，故又称"清曲"。剧曲与散曲虽属于不同性质的文学体裁，但它们又有联系，即它们所用的曲调及其曲律如句格、韵律、联套形式等基本上是相同的。正因为如此，文学史常将两者相提并论，概称为"元曲"，元曲不仅在形式和格律上迥别于诗词，而且在风格、韵味上自成一家，贵俚俗，尚直露，多谐谑，提倡以尖巧出奇制胜，表现出了高度的艺术特色。而散曲又分为小令、带过曲和套数三类。小令是散曲的基本单位，是一首独立的小曲，又名"叶儿"。每首曲都有曲牌名。小令一如令词，有一定的格律，所谓调有定句，句有定字，字有定声。小令一般句句押韵，平仄通押，因此必须按曲谱规定的平仄音韵，逐字填写。但小令也有比词自由的地方，即可以用衬字，衬字基本不讲究平仄。由于小令体制短小精悍，所以特别讲究含蓄蕴藉。如果在一曲之后意尚未尽，可以在宫调相同、音律衔接的基础上，再续一两首曲牌组成，谓之"带过曲"。带过曲是指两三支曲子依一定规律组合，一般须属同一宫调，一韵到底，每首之间在旋律上能够自然衔接，不可任意搭配。其组合方式约有三十多种，如北曲正宫 [脱布衫] 带 [小凉州]；南吕 [骂玉郎] 带 [感皇恩] [采茶歌]；双调 [水仙子] 带 [折桂令] 等，这些比较常用。此外，不同宫调也有带过曲，如北曲中吕 [满庭芳] 带双调 [清江引]；正宫 [叨叨令] 带双调 [折桂令]；南北曲之间也有带过曲，如南 [楚江清] 带北 [金字经]。套数又称"套曲"或"大令"，是把同一宫调的若干曲子按一定顺序连缀成一体，各曲同押一部韵。首曲曲牌即全套的曲牌名，构成一个首尾完整、文意贯通的篇章，从音乐方面来说，是大型的组曲。比之套数，"带过曲"和"重头曲"又可看作小型组曲，是介于小令和套数之间的一种特殊形式。元曲之所以被称为"曲"，是因为它不是案头文章，而是用来配乐演唱的，所以它和音乐有不可分割的关系。这体现在以下方面。

首先是"宫调"问题。宋元以来南北曲使用的宫调为"六宫十二调"，六宫为仙吕、南吕、黄钟、中吕、正宫、道宫。十二调分为羽调、大石、双调、小石、揭指、商调、越调、般涉、高平、商角、角调、宫调。每一种宫调都有各自乐曲上的特点，比如"仙吕调唱，清新绵邈""南吕宫唱，感叹悲伤"等，但是从后代看来，宫调的声情和曲词的词情已经没有了必然的联系。但是宫调和曲子的用韵、换韵还有密切的关系。其次是"曲牌"问题。元明至今日，人们普遍认为特定的曲牌对应特定的宫调，但实际上并不是这样，至少有部分曲牌和宫调没有对应关系。因为同样的曲牌，其文词字句和感情差异会非常大，不可能用同样的唱腔、旋律或调式来演唱，可见同一曲牌并不一定会是同一调式。元曲的通俗性除了它被各阶层的人配乐演唱，流行性极强之外，还在于它内容和文字的通俗性。例如，元曲写男女相思之情，不会像宋词那样含蓄委婉，"此情无计可消除，才下眉头，却上心头"，而是"海棠开未开？粉郎来未来？"的大胆直白。写忧国忧民，没有唐诗的沉郁顿挫，"存者且偷生，死者长已矣"，而是"兴，百姓苦；亡，百姓苦"的直接鞭笞。尤其是写乡民邻里之乐，也直接明白，如话家常："他出一对鸡，我出一个鹅，闲快活。"因此，初读元曲的作者会觉得它不够风雅，但读下去就会觉得它明白晓畅，别有一番泼辣、直白的风味。

元散曲创作的发展，大体上可划分为三个时期。从蒙古太宗窝阔台汗执政（1229），到元世祖忽必烈至元十六年（1279）灭南宋为第一时期。此时元曲虽才从民间的"街市小令""俗谣俚曲"进入北方诗坛，却已出手不凡，产生了朱权《太和正音谱》所谓的"宗匠体"与"盛元体"。这一时期的总体风格是质朴清新。文人在习作中虽存诗词余习，然而对散曲的自身特色与创作规律已不乏明确的认识，故尽力向"本色曲"靠拢皈依。这一时期的代表作家有杨果、杜仁杰、王和卿、王恽、卢挚、关汉卿、白朴、马致远、冯子振等。杨果、王恽、冯子振继承的是元好问"亦词亦曲"的遗风。他们保留着较重的词人结习，以词笔作散曲，虽不雕绘字词，却炼意炼格，甚而存在着追求功力的动机，如冯子振就用同韵步和《鹦鹉曲》达四十二首之多。这种以词为曲的手法，虽非散曲正宗，却别有一种清雅疏朗之概，故对后世文人的散曲影响极大。杜仁杰、王和卿则截然不同，他们认定的是民间俚曲中狂放诙谐、质朴自然的趣味，以活泼清新为旨归，从而触及了散曲"自是一家"的本质。杜仁杰的《耍孩儿·庄家不识勾栏》，还成功地运用这一笔法创作了散曲"当行派"的第一首套数。卢挚、白朴则兼及两家，表现出文人创作不拘一格、挥洒自如的习尚。值得大书一笔的是关汉卿与马致远，他们都是公认的"元曲四大家"

（另二人为白朴、郑光祖）的成员。"四大家"的成说本是就杂剧成就而言的，而他们在散曲创作中也同样表然特立。关汉卿以闺情、离愁、日常风物及个人遭遇情怀为题材，小令以活泼清新、晶莹婉丽见长，套数则有豪爽泼辣、淋漓奔放之概，既自铸伟词，又活用口语，确定了散曲以自抒怀抱、适意清神为旨归的表现形式，也确立了散曲本色派的地位。马致远则以意境高远、语言清丽著称于曲坛，且在散曲中首创了深思人生、抨击社会的风格，为后世怀才不遇、勘破世情的文人作者所宗仰，从而既拓展了散曲的表现力，又提高了这一体裁的品位和影响。他的小令《天净沙·秋思》与套数《夜行船·秋思》，均被誉为"元人第一"，是实至名归的。

　　从忽必烈至元十六年到元顺帝后至元六年（1340）为第二时期。这时散曲已完全成熟，风靡南北，成就斐然。散曲的题材内容，也已到了"无事不可入"的尽臻地步。然而文人日渐讲求辞藻音律，反而开始向诗词化、案头化回归。这一时期的代表人物有贯云石、张养浩、曾瑞、睢景臣、乔吉、刘时中、薛昂夫、张可久、任昱、徐再思等。元散曲最富有现实批判精神的三大代表作都出现于这一时期，它们是张养浩的《山坡羊·潼关怀古》，睢景臣的《哨遍·高祖还乡》，以及刘时中的《端正好·上高监司》。张养浩为宦三十年，做到三品高官，却有意创作以俚俗平率为特征的散曲，且在作品中一不谀颂皇恩，二不粉饰升平，三不矜豪夸富，四不退默守雌，有的是对黑暗政治的犀利攻击与对民生疾苦的深切同情。睢景臣与刘时中俱是名不见经传的普通文人，但他们都能以散曲为工具，或嬉笑怒骂，矛头直指最上层的"真命天子"；或汪洋浩荡，笔端尽现老百姓的深重苦难。这些现象，正是元散曲本身具有非凡活力与魅力的最好说明。这一时期的曲坛盟主，则当推乔吉与张可久，二人有"曲中李杜"之称。乔吉于散曲造诣精深，在字句的锤炼上凝神贯力，开明代散曲清丽严整之风。而张可久更是以散曲为毕生专业，传世作品数量占元代存世散曲的五分之一，雄居元人之冠。他注重辞藻、格律与炼句，运用诗词的字面、句法，衬字很少甚至不用，格调婉约，和词已没有多大的区别了。散曲的这种文人化趋向背离了散曲的民间风格和地方色彩的特点，从而也决定了元散曲寿终正寝的命运。

　　从至正元年（1341）至元亡（1368）为元散曲的末期，曲风趋于保守，柔靡纤巧，虽不无推陈出新之作，在总体上却失去了初期散曲清新活跃的气息。这一时期的佼佼者有查德卿、张鸣善、周德清、汪元亨、刘庭信、汤式等。他们中有的继续活动于明初，为明代散曲的发展起了承上启下的作用。元散曲作为新兴的诗体，在形式上自有别具一格之处。元散曲存世的作品，连同套数在内，约四千三百首。本书选入了元代作家及无名氏的散曲三百首，展示了元曲整体全局的大致风貌与发展脉络。元散曲是典型的俗文学，读不出多少微言大义，好在对其特色的鉴赏，在古典诗歌领域中还比较特殊，因为它在风格和韵味上迥别于诗词。大体来说，诗、词贵韵雅，散曲贵俚俗；诗、词贵含蓄，散曲贵直露；诗、词贵庄洁，散曲贵谐谑；诗、词创新求奇贵不失大方，散曲却提倡以尖巧来出奇制胜。即使是上述的俚俗、直露、谐谑、尖巧，也不是片面或绝对的，而是在不即不离之间，所谓"直必有至味，俚必有实情，显必有深义"（徐大椿《乐府传声》）。

　　散曲，以其新颖的诗歌形式，反映了广泛的社会内容和当时人们的生活追求和情趣。概括地说，主要有以下几个方面。

　　一是反映民生疾苦，寄托了作家对人民苦难的深厚同情。元代前期散曲家张养浩有一篇作品，是他到陕西任官救灾时写的，除写百姓之苦外，还写出了他对人民苦难的衷心关怀："恨流民尚在途，留不住都弃业抛家，当不的也离乡背土。恨不的把野草翻腾做菽粟，澄河沙都变化做金珠。直使千门万户家豪富，我也不枉了受天禄。眼觑着灾伤教我没是处，只落的雪满头颅。"（[一枝花]）他为人民的苦难而焦虑，救民于水火的深情溢于言表。据载他前去治旱救灾，到官后仅四月，就劳瘁而死。他的[中吕·山坡羊]《潼关怀古》是元散曲中的名篇。这部作品以怀古为题，感情沉郁悲怆。作者俯仰今古，从历代王朝的兴亡更替中，总结出一个不易的现象，那就是受苦遭罪的总是黎民百姓。"兴，百姓苦；亡，百姓苦"，这一鲜明而深刻的警语，是对历代封建统治者的愤怒谴责，是对被压迫者命运的深切同情。

　　二是愤世嫉俗，蔑视利禄，歌颂隐居生活。元代传统的科举制度时行时止，这样就给知识分子的出路造成很大问题，所谓"今天下人，干禄无阶，人仕无路"（王恽《秋涧集》）。元代科举未行之前，儒士通常只能由吏入仕，这又使许多士人感到痛苦和不屑。这样就产生了许多愤世嫉俗、揭露官场黑暗、歌颂隐逸生活的作品，如张养浩的［朝天子］、刘致的［南吕·四块玉］《叹世》、张可久的［水仙子］《山庄即事》都属这类题材。前期散曲家卢挚的［蟾宫曲］《失题》写归隐后的田园风光和自由闲适的心情颇有代表性，元曲中的这类作品，从另一角度反映了作家对官场黑暗险恶的不满，以及他们洁身自好，不肯与浊世同流合污的心愿。当然这类作品中往往也有一些消极避世、宣扬及时行乐的悲观情绪。实际这也从侧面表露出当时一代文人的内心痛苦。

三是歌咏男女恋情和描写风景的作品，在元散曲中占了很大比重。写恋情之作往往表现得十分直率和大胆，通俗生动，完全继承了民歌风格，如白朴的［中吕·阳春曲］《题情》、关汉卿的［仙吕·一半儿］《题情》都是这方面的代表作。散曲大家张可久、乔吉都是写景的能手，他们模山范水，意境清新，富有诗情画意。张可久的［迎仙客］《括山道中》、［水仙子］《吴山秋夜》，都形神兼备地再现了江南风光。乔吉的［双调·水仙子］《重观瀑布》一向视为曲中写山川瀑布奇景的名篇。而他的写春景风采的［越调·天净沙］《即事》则更具特色："莺莺燕燕春春，花花柳柳真真，事事风风韵韵。娇娇嫩嫩，停停当当人人。"这种清新活泼的语言和表现方式，在诗、词中是罕见的，只有在曲辞中才能出现。总的来说，元代散曲继诗、词之后，在内容题材、艺术手法、语言风格上都有新的发展和开拓。特别在风格特征上，散曲比起诗、词来，更为接近口语，更为直率自然、平易通俗。

继唐诗、宋词之后蔚为一代文学之盛的元曲有着它独特的魅力，正是它的魅力才赋予了它长久的生命力，具体表现如下。

第一，在艺术形式和技巧方面，散曲的鲜明特征及其所取得的巨大成就，是令人钦羡不已的。特别是散曲既不同于唐诗，也不同于宋词的一个最为重要的特点，这就是它的大众性、民间性、通俗性。钟嗣成在《录鬼簿序》中骄傲地称颂元曲的"蛤蜊"风味，这里所谓的"蛤蜊"风味指的就是元曲的毫不扭捏作态、伪饰矫情、空洞晦涩、无病呻吟、滞重板腐和株守成规，而是真挚鲜活、豪宕奔放、直面人生、泼辣明爽、酣畅淋漓和敢于创新。比如，散曲创作虽然在格律方面也有"定格"，但与此同时，散曲作家大抵都将其看作只是表现人的思想感情、反映现实生活的一种手段，因而在创作实践中表现得十分自由灵活，决不以格损义，因形式伤害内容，而是"为我所用"，从而形成了散曲创作既有格而不墨守成格，不拘一格而自成高格的鲜明特色。这正是由散曲创作的大众性、民间性和通俗性这一根本特点所决定的。散曲创作本身的发展、全盛和渐次走向衰落的历史也充分说明了这一点。当它把反映现实生活，抒发真情实感，即把大众性、民间性、通俗性放在首位时，就正是散曲创作灿若云锦、蓬勃峥嵘的全盛时期；而当它一陷入形式主义的泥淖，出现贵族化、典雅化、"纯文学"的倾向时，散曲创作就衰落式微。偶有名家佳作，也仿佛是流萤明灭，寂寞暗淡，能予人以一种大势已去、盛况难再的积憾和长叹。对此，郑振铎先生曾经做出过斩钉截铁、不容置疑的论断："大众文学、民间文学、通俗文学，不仅成了中国文学史主要的成分，也成了中国文学史的中心。"（《中国俗文学史·何谓俗文学》）

第二，作为元曲有机组成部分的散曲具有强大的生命力，这是由它的丰富而深刻的思想内容所决定的。只要略加扫描，我们就会被其反映的广阔生活层面和对于社会历史的独特思考所震惊和迷醉。这里有对于国家统一以后经济得到恢复发展、人民安居乐业的客观描绘；有对于匡时济世、建功立业等壮志豪情的热烈抒发；有对于劳动人民苦难生活的关切同情和劳动生涯的衷心赞美、悠然神往；有对于妇女勇敢地冲破封建礼教的樊篱，大胆追求真挚的爱情，以及对于她们的纯洁、美丽所做出的热情讴歌；有对于祖国锦绣河山和自然风光的赞美；有对于行役羁旅之苦和故国乡土之恋的抒发；有对于封建统治阶级的罪恶和腐败的揭露；有对于人情淡漠和世态炎凉的抨击；有对于混淆贤愚、知识遭贬、世无伯乐、人才尘埋的黑暗现实的控诉；有否定功名、崇尚自由、隐逸林泉、回归自然的田园牧歌；有予历史以冷峻反思，从而在历史和现实的对接中去获取喻世、警世、明鉴的怀古咏史曲；有启人顿悟、发人深省的哲理小唱；有宣泄故国乡关黍离之恨、之叹的时代悲歌；有民俗风情的画幅；有用散曲形式撰写的艺术评论等。以上这些绚丽多姿、气象万千的题材内容和思想风貌，使散曲艺术在人民群众的深深喜爱中赢得了历久不衰的生命活力。这里仅举两个例子。作为"世界文化名人"的关汉卿，其杂剧如《窦娥冤》的思想艺术价值是举世公认的。特别是其中的[滚绣球]曲："天地也只合把清浊分辨，可怎生糊突了盗跖颜渊？为善的受贫穷更命短，造恶的享富贵更寿延。天地也，做得个怕硬欺软，却原来也这般顺水推船。地也，你不分好歹何为地；天也，你错勘贤愚枉做天！"这种对于封建统治阶级罪恶的血泪控诉和愤怒批判，可谓"感天动地"，直可使海覆山摇！他的散曲创作如[南吕·一枝花]《不伏老》所引吭高歌的："我是个蒸不烂、煮不熟、捶不匾、炒不爆、响当当一粒铜豌豆"，"则除是阎王亲自唤，神鬼自来勾，三魂归地府，七魄丧冥幽，天哪，那其间才不向烟花路儿上走！"它所体现出来的反对封建传统、追求个性解放、百折不挠、至死不悔的铮铮铁骨和坚韧精神，难道就可以被视而不见吗？被誉为"元曲四大家"之一的马致远的杂剧《汉宫秋》，曾经赢得跻身于元代四大悲剧行列的殊荣。第四折汉元帝于秋夜萧索、孤雁哀鸣中所吟唱的[尧民歌]："呀呀的飞过蓼花汀，孤雁儿不离了凤凰城。画檐间铁马响丁丁，宝殿中御榻冷清清。寒也波更，萧萧落叶声，烛暗长门静。[随煞]一声儿绕汉宫，一声儿寄渭城，暗添人白发成衰病，直恁的吾家可也劝不省！"凄恻怨慕、浓醇似酒，悲剧气氛达于极致。但他的散曲，如[越调·天净沙]《秋思》："枯藤老树昏鸦，小桥流水人家，古道西风瘦马。夕阳西下，断肠人在天涯"，成了描写行役羁旅的压卷之作，"秋思之祖"的评语可谓名副其实。如[双调·夜行船]《秋思》，其所鲜明地体现出来的蔑视功名富贵、否定统治阶级的崇高人格力量，那种珍惜生命、热爱生活的澎湃诗情，又曾经博得了多少人的倾心仰慕和击节赞赏，以至于使语言学、音韵学大师周德清给出了"万中无一"的盛誉。马致远散曲作品所展示出来的思想价值和艺术光彩，大概也绝不是他的《汉宫秋》等杂剧所能替代和遮盖的吧？仅此两例，就足以证明散曲创作所取得的辉煌成就。

元曲一向被封建文人目之为"小道末技"，长期不被人所重视，尤其是对元散曲的研究和整理工作，几乎无人问津。直至20世纪二三十年代，在五四运动和新文化运动兴起的背景下，在胡适等人对白话文学、俗文学的大力提倡下，曲学研究才出现了一个空前繁荣的局面，散曲研究也在此时从笼统的曲学研究中独立出来,成为与戏曲(杂剧)研究平行发展的新学科。尽管元曲在文学史上与唐诗、宋词形成了鼎足之势,然而自明清以来,人们对它的重视程度远远不如唐诗、宋词。即使在今天,元曲的普及也远不如前二者。为了弘扬元曲这一民族文化的优秀遗产,我们编写了这本《元曲三百首》,本书主要根据元曲在形式与内容上的特征来选收作品。一是兼收剧曲与散曲,打破了一般选集只选收散曲或只收剧曲的体例,使读者对元曲有较全面的认识了解。二是兼收小令与套曲,小令中又兼收重头曲与带过曲,体现出元曲在结构体裁上的特征。三是突出内容上的主旋律,在保持传统诗词曲写景咏物这一题材所占较大比重的前提下,突出叹世刺时、弃世归隐、闺情相思类题材的作品在全书中所占的比重。在突出重点题材的基础上,本书也选收了其他题材的作品。全书分为写景咏物、叹世刺时、怀古伤今、隐逸玩世、闺情相思、羁旅乡思、友情寄赠、节令游戏八类,既突出重点,又体现出元曲题材的丰富多样性。四是在选收名家名作的前提下,首先注意不同时期的作品。从元曲形成的初期到元代末年,均有作品入选,使读者能大致了解元曲发展的脉络。其次注意作家的广泛性。入选的作品中,既有达官贵人之作,也有书会才人之作和勾栏艺人之作,另外还有一些作品出自无名氏之手。最后注意风格的多样性。虽然从主导风格来看,元曲以本色自然为主,如王国维云:"元曲之佳处何在?一言以蔽之,曰自然而已矣!"(《宋元戏曲考》)然而在这一主导风格之外,元曲也存在着其他不同的艺术风格,我们在选收本色派作品的同时,对其他风格的作品也酌量予以收入。

当然,纵观全书,从其内容来看,确实有一些糟粕,如低级庸俗的色情描写、及时行乐的消极颓废情绪的宣泄等,这是应该剔除的。元散曲中写隐逸避世、浪迹江湖的作品不少,我们对这类作品应该放在当时的历史背景下进行具体分析。散曲作者大多沉抑下僚,或流落底层,在当时残酷黑暗的社会里,在深重的民族压迫下,志不得伸,甚而横遭屈辱,因而满腹牢愁,形成了一种典型的被扭曲了的心态。发而为曲,确有其消极面,但也要看到,散曲包含着他们对现实的不满和反抗以及他们痛苦挣扎的心路历程,从一个侧面折射出当时历史的真实。特别值得注意的是,散曲中内容积极向上的作品还是不少的，如表现民族意识和爱国精神、抒发忧国忧民的感情的，揭露社会黑暗、反映仕途险恶、直接抨击最高统治层的，嘲讽不良的社会风气、歌赞公正廉明等美德的，针砭封建婚姻、歌赞真挚爱情的，等等。这些作品的内容都有一定的深度，艺术性也很强，是散曲中的精华，成为中国传统文化中一颗璀璨的明珠，足以传之不朽。

1

喜春来^①

xǐ chūn lái

bó yán
伯颜

jīn yú yù dài luó lán kòu　　zào gài zhū fān
金鱼玉带罗襕扣^②，皂盖朱幡

liè wǔ hóu　　shān hé pàn duàn zài ǎn bǐ jiān tóu
列五侯^③，山河判断在俺笔尖头^④。

dé yì qiū　　fēn pò dì wáng yōu
得意秋^⑤，分破帝王忧^⑥。

注释： 本书以1945年1月中华书局渝初版《元曲三百首》为范本。①**喜春来：** 曲牌名，又名《阳春曲》。②**金鱼：** 古代三品或四品以上官员佩戴的鱼形金符。**玉带：** 用玉装饰的腰带。**罗襕：** 罗袍，用紫色丝罗制的官服。唐制三品以上可穿紫罗袍，佩饰金鱼符和玉带。③**皂盖：** 黑色的车盖。**朱幡：** 红色的旗帜。**五侯：** 公、侯、伯、子、男五等诸侯爵位，元朝无封侯制度，这里泛指权贵之家。④**判断：** 此处指鉴赏、评定。⑤**得意：** 称心，满意。⑥**分破：** 分解。

人物故事图之竹林品古　明·仇英

②

xǐ chūn lái
喜春来

zhāng hóng fàn
张弘范

jīn zhuāng bǎo jiàn cáng lóng kǒu　　　yù dài hóng róng
金妆宝剑藏龙口①，玉带红绒
guà hǔ tóu　　　lǜ yáng yǐng lǐ zhòu huá liú　　　dé zhì
挂虎头②，绿杨影里骤骅骝③。得志
qiū　míng mǎn fèng huáng lóu
秋，名满凤凰楼④。

注释： ①**金妆宝剑：**用黄金作装饰的宝剑。**龙口：**有龙形纹饰的剑鞘。②**虎头：**指虎头金牌。元代皇帝所颁，执此金牌可便宜行事。③**骤骅骝：**骑骏马疾驰。骤，马奔跑。骅骝，骏马。④**凤凰楼：**指宫中楼阁。此指皇宫所在的京城。

人物故事图之吹箫引凤　明·仇英

3

骤雨打新荷①

元好问

绿叶阴浓，遍池塘水阁，偏趁凉多。海榴初绽②，妖艳喷香罗。老燕携雏弄语，有高柳鸣蝉相和。骤雨过，珍珠乱糁③，打遍新荷。

人生有几，念良辰美景，一梦初过。穷通前定④，何用苦张罗。命友邀宾玩赏，对芳尊浅酌低歌⑤。且酩酊⑥，任他两轮日月，来往如梭。

注释： ①骤雨打新荷：曲牌名。一说为题目名，曲牌名应作《小圣乐》，入双调，属小石调，由于曲中"骤雨过，珍珠乱糁，打遍新荷"几句词脍炙人口，所以又被称作"骤雨打新荷"。②海榴：石榴。原从海外移植，故名。③糁：散开，散落，又作"撒"。④穷通：指困穷和显达。穷通前定，意谓困穷与显达都是前生注定的。⑤芳尊：美酒。尊，同"樽"，酒杯。⑥酩酊：大醉。

荷塘飞燕图 南宋·佚名

13

4

小桃红①

wáng yùn
王恽

cǎi líng rén yǔ gé qiū yān　bō jìng rú héng
采菱人语隔秋烟，波静如横

liàn　rù shǒu fēng guāng mò liú zhuǎn　gòng liú lián huà
练②。入手风光莫流转③。共留连，画

chuán yí xiào chūn fēng miàn　jiāng shān xìn měi zhōng fēi wú
船一笑春风面④。江山信美，终非吾

tǔ　hé rì shì guī nián
土⑤，何日是归年？

注释：①**小桃红**：又名《平湖乐》。作者任平阳路总管时作，共十首，此为第五首。②**横练**：形容波光如同横陈的白绢。③**入手**：到手。**流转**：流逝。④**春风面**：形容女子美丽的容颜，化用唐杜甫《咏怀古迹五首》之三："画图省识春风面"。⑤**"江山"二句**：化用汉末王粲《登楼赋》中"虽信美而非吾土兮，曾何足以少留"句意。**信**：确实。

弄棹荷塘图　清·佚　名

5 人月圆^①

倪瓒

伤心莫问前朝事，重上越王台^②。鹧鸪啼处，东风草绿，残照花开^③。怅然孤啸^④，青山故国，乔木苍苔。当时明月^⑤，依依素影^⑥，何处飞来？

注释：①人月圆：也作词调，格律相同，分上下片，句式为上片七五、四四四，下片四四四、四四四。②越王台：遗址位于浙江绍兴府山南麓，相传春秋时越王勾践曾于此点兵。③"鹧鸪"三句：化用唐李白《越中览古》："宫女如花满春殿，只今唯有鹧鸪飞。"④怅然：失意的样子。⑤当时：此指宋朝时候。⑥素影：皎洁的月光。

关山夜月图 清·袁 江

6

折桂令^①·拟张鸣善^②

倪瓒

草茫茫秦汉陵阙^③。世代兴亡，却便似月影圆缺。山人家堆案图书^④，当窗松桂，满地薇蕨^⑤。侯门深何须刺谒^⑥，白云自可怡悦。到如今世事难说。天地间不见一个英雄，不见一个豪杰。

注释：①折桂令：曲牌名，又名《蟾宫曲》《天香引》。②拟：模拟。③陵阙：帝王的坟墓。④山人：山居者，多指隐士。此处为作者自称。⑤薇蕨：两种野生植物，可食用。此处暗用周初伯夷、叔齐不食周粟，隐于首阳山采薇蕨为食的故事，表示作者不与元统治者合作的态度。⑥侯门：指显贵之家。刺谒：投名片求见，拜访。刺，古代在竹简上刺上名字，所以叫"刺"，相当于今天的名片。

山水图之荷亭读书　清·王云

7

凭栏人^①·赠吴国良^②

píng lán rén · zèng wú guó liáng

ní zàn
倪瓒

kè yǒu wú láng chuī dòng xiāo míng yuè chén jiāng chūn
客有吴郎吹洞箫，明月沉江春
wù xiǎo xiāng líng bù kě zhāo shuǐ yún zhōng huán pèi yáo
雾晓。湘灵不可招^③，水云中环珮摇^④。

注释：①凭栏人：越调曲牌名。②吴国良：作者友人，宜兴荆溪人。③湘灵：传说中舜的两个妃子，死后成为湘水女神。《楚辞·远游》篇有"湘灵鼓瑟"句，可知二妃擅长奏乐。④环珮：古代女子佩戴的玉饰。

赏月图　清·丁观鹏

8

折桂令

虞集 yú jí

席上偶谈蜀汉事，因赋短柱体①
xí shàng ǒu tán shǔ hàn shì　yīn fù duǎn zhù tǐ

鸾舆三顾茅庐②，汉祚难扶③。日
luán yú sān gù máo lú　hàn zuò nán fú　rì

暮桑榆④，深渡南泸⑤。长驱西蜀，力
mù sāng yú　shēn dù nán lú　cháng qū xī shǔ　lì

拒东吴。美乎周瑜妙术，悲夫关羽
jù dōng wú　měi hū zhōu yú miào shù　bēi fú guān yǔ

云殂⑥。天数盈虚⑦，造物乘除⑧。问汝
yún cú　tiān shù yíng xū　zào wù chéng chú　wèn rǔ

何如？早赋归欤⑨！
hé rú　zǎo fù guī yú

注释：①短柱体：词曲中俳体的一种，两字一韵，每句两韵至三韵。②鸾舆：銮舆，皇帝的车驾，此处指刘备。此时刘备尚未称帝，是以后来的地位称呼他。③祚：皇位，国统。④桑榆：日暮时，太阳的余光在桑榆树间，因以指日暮。《淮南子》："日西垂景在树端，谓之桑榆。"因以比喻晚年。⑤深渡南泸：指诸葛亮数次率兵渡过泸水平定西南少数民族地区。泸，泸水，今金沙江。⑥云：语气助词。殂：死亡。⑦天数：天命。盈虚：指盛衰、兴亡、穷通等。⑧造物：古人认为有一个创造万物的神力，叫作造物。乘除：比喻人事的消长盛衰。⑨早赋归欤：意为早点归隐。陶渊明在《归去来兮辞》序中说他做彭泽县令时，到任几天，就"眷然有归欤之情"。欤，语气助词。

临宋人画　明·仇英

9 水仙子^①·讥时

（shuǐ xiān zǐ）（jī shí）

张鸣善

铺眉苫眼早三公^②，裸袖揎拳享万钟^③，胡言乱语成时用。大纲来都是哄^④，说英雄是英雄。五眼鸡岐山鸣凤^⑤，两头蛇南阳卧龙^⑥，三脚猫渭水飞熊^⑦！

注释：①水仙子：双调曲牌名，又名《凌波仙》《湘妃怨》《冯夷曲》。②铺眉苫眼：装模作样目中无人，指才智庸劣却又装腔作势的人。三公：国君手下负责军政事务的最高长官。周代以太师、太傅、太保为三公，西汉以大司马、大司徒、大司空为三公，东汉至魏晋以太尉、司徒、司空为三公。此处泛指高官。③裸袖揎拳：捋衣袖、伸拳头，形容不讲理的样子。万钟：优厚俸禄。钟，古代容量单位，容六斛四斗（十斗为一斛）。④大纲来：元人口语，终究、总之。哄：哄骗。⑤五眼鸡：好斗的公鸡。岐山：在今陕西岐山东北，周的发源地，传说周代将兴时有凤凰鸣于岐山。⑥两头蛇：不祥之物，传说凡见两头蛇的人必死。南阳卧龙：指诸葛亮，曾隐居南阳（今湖北襄阳）。徐庶称之为"卧龙"。⑦三脚猫：比喻不中用的人。渭水飞熊：指姜子牙。传说他曾在渭水边钓鱼，周文王外出打猎，占卜的卜辞说："你所得到的非熊非罴，而是能辅佐你成帝王的人。"后来果然在渭水边遇见吕尚（姜子牙）。吕尚辅佐周文王、周武王平定天下，建立周朝。后世把"非熊"误为"飞熊"，并有文王梦见飞熊而得到吕尚的故事。

杨柳青木版年画·二顾茅庐图

⑩

天净沙^①·七月

tiān jìng shā

qī yuè

mèng fǎng
孟昉

星依云渚溅溅^②，露零玉液涓
xīng yī yún zhǔ jiān jiān　　　lù líng yù yè juān

涓^③，宝砌衰兰剪剪^④。碧天如练，光
juān　bǎo qì shuāi lán jiǎn jiǎn　　bì tiān rú liàn guāng

摇北斗阑干^⑤。
yáo běi dǒu lán gān

注释：①天净沙：曲牌名，属越调。②云渚：银河。溅溅：流水声。③零：这里指露水降落。涓涓：细水慢流的样子。④宝砌：指玉石砌成的台阶。剪剪：整齐的样子。⑤阑干：纵横或横斜的样子。唐刘方平《月夜》："更深月色半人家，北斗阑干南斗斜。"

轩台乞巧图　清·佚名

11

chén zuì dōng fēng

沉醉东风^①

guān hàn qīng
关汉卿

bàn yè yuè yín zhēng fèng xián   nuǎn dōng fēng xiù
伴夜月银筝凤闲^②，暖东风绣

bèi cháng qiān   xìn chén le yú   shū jué le yàn   pàn
被常悭^③。信沉了鱼，书绝了雁^④，盼

diāo ān wàn shuǐ qiān shān   běn lì duì xiāng sī ruò bù
雕鞍万水千山^⑤。本利对相思若不

huán   zé gào yǔ nà néng suǒ zhài chóu méi lèi yǎn
还^⑥，则告与那能索债愁眉泪眼^⑦。

注释：①沉醉东风：双调曲牌。②凤：凤箫。闲：空闲。③悭：少。④"信沉"二句：古
有藏信鱼腹、系书雁足，借以传递书信的方式。鱼沉、雁绝，指书信断绝。
⑤雕鞍：装饰华美的马鞍。此处指代远行在外的情人。⑥本利：元代有一种高利贷
名为"羊羔息"，本利相同，到期不还本利翻倍。此比喻久别后相思倍增。⑦索债：
讨还相思债。

仕女图 清·冷 铨

⑫

碧玉箫^①

关汉卿

盼断归期,划损短金篦^②。一搦腰围^③,宽褪素罗衣^④。知他是甚病疾?好教人没理会^⑤。拣口儿食,陡恁的无滋味^⑥!医,越恁的难调理^⑦。

注释:①碧玉箫:曲牌名,属双调。②划损短金篦:是说用篦梳划线计算离别时间,结果篦梳都磨短了,言离别时间之久。篦,梳头用具。③一搦:一握,形容腰围瘦削。④宽褪:宽松。以衣裳宽松反衬身体消瘦。⑤没理会:不明白。⑥陡:突然。恁的:如此、这样。⑦越:越发、更加。

梅边吟思图 清·顾洛

13 大德歌①·秋

关汉卿

风飘飘，雨潇潇，便做陈抟也
睡不着②。懊恼伤怀抱，扑簌簌泪点
抛。秋蝉儿噪罢寒蛩儿叫③，淅零零
细雨打芭蕉。

注释：①**大德歌**：双调曲牌。关汉卿共作十首《大德歌》，其中有以春、夏、秋、冬四季为背景的《闺怨》四首。本曲为写秋的一首。②**便做**：即便是。**陈抟**：五代末、北宋初著名道士，字图南，号扶摇子，亳州真源（今河南鹿邑）人，曾在华山修道，经常酣睡百日不醒。③**蛩**：蟋蟀。

蕉阴读书图 清·吕彤

14

sì kuài yù
四块玉①·闲适
xián shì

guān hàn qīng
关汉卿

jiù jiǔ méi　xīn pēi pō　lǎo wǎ pén biān xiào
旧酒没，新醅泼②，老瓦盆边笑
hē hē　gòng shān sēng yě sǒu xián yín hè　tā chū yí
呵呵。共山僧野叟闲吟和③。他出一
duì jī　wǒ chū yí gè é　xián kuài huo
对鸡，我出一个鹅，闲快活。

> 注释：①四块玉：句式为三三七、七、三三三。南吕宫。作者以此曲牌写"闲适"曲四首。这两首为第二、第四首。②醅：未过滤的酒，此处指新酒。泼：倾倒，此指斟酒。③和：唱和。

杂画之松下听琴图　清·华嵒

15 四块玉·闲适

sì kuài yù · xián shì

关汉卿 (guān hàn qīng)

nán mǔ gēng　　dōng shān wò　　shì tài rén qíng jīng
南亩耕^①，东山卧^②，世态人情经

lì duō　xián jiāng wǎng shì　sī liáng guò　xián de shì tā
历多。闲将往事思量过。贤的是他，

yú de shì wǒ　zhēng shèn me
愚的是我，争甚么！

注释：①南亩耕：似暗用诸葛亮躬耕南阳之事以表隐居之意。南亩，泛指农田。语本《诗经·小雅·大田》："俶载南亩，播厥百榖。"②东山卧：以晋代名士谢安隐居东山（今浙江省上虞区西南）的典故表隐居之意。

杨柳青木版年画·东山丝竹图

16

四块玉·别情

关汉卿

自送别，心难舍，一点相思几时绝？凭栏袖拂杨花雪①。溪又斜，山又遮，人去也！

注释：①凭栏：靠着栏杆。杨花雪：形容柳絮飘飞似雪。化用苏轼《少年游》："去年相送，余杭门外，飞雪似杨花。今年春尽，杨花似雪，犹不见还家。"

人物故事图之闲捉柳花　明·仇英

17 庆东原①

白朴

wàng yōu cǎo　hán xiào huā　quàn jūn wén zǎo
忘忧草，含笑花②，劝君闻早

guān yí guà　　　nǎ lǐ yě néng yán lù jiǎ　　nǎ lǐ
冠宜挂③。那里也能言陆贾④，那里

yě liáng móu zǐ yá　　nǎ lǐ yě háo qì zhāng huá
也良谋子牙⑤，那里也豪气张华⑥？

qiān gǔ shì fēi xīn　yì xī yú qiáo huà
千古是非心，一夕渔樵话⑦。

注释：①庆东原：曲牌名，又名《郓城春》，属双调，句式为三三七、四四四、五五。②忘忧草：萱草，传说可以使人忘忧。含笑花：木本植物，初夏开花花如兰，开时不满，似含笑。③闻早：趁早、赶早。冠宜挂：宜挂官，即辞官。④能言陆贾：陆贾为汉高祖刘邦的谋士，有辩才，从刘邦平定天下。⑤良谋子牙：指足智多谋的姜子牙，辅佐周文王、周武王灭商，建立周朝，封于齐。⑥张华：字茂先，西晋著名文学家，曾作《鹪鹩赋》抒写豪情壮志。⑦渔樵话：渔人、樵夫所说的闲话。

杨柳青木版年画·渔樵耕读图

⑱

驻马听^①·舞

zhù mǎ tīng · wǔ

白朴 bái pǔ

凤髻盘空^②，袅娜腰肢温更柔^③。轻移莲步^④，汉宫飞燕旧风流^⑤。谩催鼍鼓品梁州^⑥。鹧鸪飞起春罗袖^⑦，锦缠头^⑧，刘郎错认风前柳^⑨。

注释：①驻马听：双调曲牌，本篇是作者用同一曲牌，分别以"吹、弹、歌、舞"题写的组曲的第四首。②凤髻：女子头上所梳状如凤形的发髻。③袅娜：形容体态细长柔美。④莲步：美女的脚步。南齐东昏侯凿金莲花贴地，让潘妃行其上，称"步步生莲花"。⑤汉宫飞燕：汉成帝皇后赵飞燕体态轻盈，传说能立于宫人所托水晶盘上起舞。⑥谩催：随意催。鼍鼓：用鼍（扬子鳄）皮蒙制的鼓。品梁州：演奏《梁州》或《凉州》舞曲。⑦"鹧鸪"句：指绣着鹧鸪的春罗衣袖随舞女起舞上下翻飞。⑧锦缠头：古代歌舞艺人表演完毕，客以罗锦为赠，称"缠头"。后作为赠送妓女财物的通称。⑨刘郎：通常指东汉时入天台山遇仙女的刘晨。后世常以刘郎代称某些解风情、有艳遇的男子。

千秋绝艳图之赵飞燕　明·佚名

寄生草①·饮

白朴

长醉后方何碍②，不醒时有甚思③？糟腌两个功名字④，醅淹千古兴亡事⑤，曲埋万丈虹霓志⑥。不达时皆笑屈原非⑦，但知音尽说陶潜是⑧。

注释：①寄生草：北曲仙吕宫曲牌。②方：将。③有甚思：还有什么可以思念的？④糟腌：用酒糟腌渍。⑤醅：未滤过的酒。⑥曲：酒曲，指酒。虹霓志：气贯长虹的壮志。⑦不达时：指不识时务者。⑧陶潜：东晋诗人陶渊明。

屈原像

明·朱约佶

20

沉醉东风① · 渔父词

白朴

黄芦岸白蘋渡口，绿杨堤红蓼滩头。虽无刎颈交②，却有忘机友③。点秋江白鹭沙鸥。傲杀人间万户侯④，不识字烟波钓叟⑤。

注释：①沉醉东风：双调曲牌。②刎颈交：生死之交，指同生死共患难的朋友。③忘机友：没有巧诈之心的朋友。④傲：轻视，蔑视。杀：表程度的副词，"极其"之意。万户侯：食邑满万户的侯爵。汉时分封诸侯，最大的侯爵食邑万户。后以万户侯指代高官显达。⑤烟波钓叟：通常作"烟波钓徒"。烟波，雾气弥漫的水面。唐诗人张志和，有"渔父"词五首负有盛名，自称烟波钓徒，后隐居江湖，元散曲中常用其故事或化用其诗句来写隐居。

秋江渔隐图 元·吴镇

21 醉中天① ·佳人黑痣

白朴

疑是杨妃在②，怎脱马嵬灾③？曾
与明皇捧砚来④，美脸风流杀。巨
奈挥毫李白⑤，觑着娇态⑥，洒松烟
点破桃腮⑦。

注释：①醉中天：仙吕宫曲牌。②杨妃：唐玄宗李隆基之宠妃杨玉环。③马嵬灾：安史之乱。安史之乱时，玄宗出逃四川，行至马嵬坡（今陕西兴平市西），六军请杀奸相杨国忠，杨玉环也被迫缢死。④曾与明皇捧砚来：传说唐玄宗曾召李白作诗，李白酒醉后，命高力士为其脱靴、杨贵妃为其捧砚。⑤巨奈：可恨，不可忍耐。⑥觑：看。⑦松烟：指墨。古代用松木所烧的烟灰制墨。

人物故事图之贵妃晓妆 明·仇英

22

一半儿^①·题情

白朴

云鬟雾鬓胜堆鸦^②，浅露金莲簌绛纱^③，不比等闲墙外花^④。骂你个俏冤家^⑤，一半儿难当一半儿耍^⑥。

注释：①一半儿：曲牌名，又名《忆王孙》。②云鬟雾鬓：形容女子的头发浓密有致。堆鸦：形容女子发鬓乌黑有光泽。③簌：走路时衣裙发出细微的声响。绛纱：深红色的纱裙。④等闲：平常、寻常。⑤俏冤家：对所爱的人的昵称。⑥难当：元代俗语，赌气。

月曼清游图之四 清·陈枚

23 水仙子^①·和卢疏斋西湖^②

shuǐ xiān zǐ · hè lú shū zhāi xī hú

马致远 mǎ zhì yuǎn

春风骄马五陵儿^③，暖日西湖三月时，管弦触水莺花市^④，不知音不到此。宜歌宜酒宜诗。山过雨颦眉黛^⑤，柳拖烟堆鬓丝^⑥，可喜杀睡足的西施！

注释：①水仙子：双调曲牌，又名《湘妃怨》《凌波曲》《凌波仙》。②和卢疏斋西湖：此首为马致远和卢疏斋《西湖四时渔歌》之曲，所写为西湖春景，按约定，首次句分别以"儿""时"押韵，末句以"西施"断章。卢疏斋，名挚，元曲家。③五陵：今西安郊外汉朝皇帝的五座陵墓，即长陵、安陵、阳陵、茂陵、平陵。立陵时曾搬迁豪富至此，故五陵儿代指豪贵子弟。④管弦：管乐器和弦乐器，泛指音乐。莺花：泛指春景。该句大意为乐声贴着水面传播到鸟语花香、春意盎然的地方。⑤山过雨颦眉黛：形容雨后春山如西施皱眉般妩媚动人。相传西施害心痛病时，皱眉捧心，却妩媚动人。颦，皱眉。⑥柳拖烟堆鬓丝：形容堤岸上的垂柳远看如烟如雾，好像美人蓬松的鬓发一样柔美。

曲水流觞图 清·佚名

24

bō bù duàn
拨 不 断 ①

mǎ zhì yuán
马致远

tàn hán rú　màn dú shū　　dú shū xū suǒ
叹寒儒，谩读书②。读书须索

tí qiáo zhù　　tí zhù suī chéng sì mǎ chē　chéng chē shuí
题桥柱③，题柱虽乘驷马车④，乘车谁

mǎi　　cháng mén fù　　qiě kàn le cháng ān huí qù
买《长门赋》⑤?且看了长安回去!

注释：①**拨不断**：双调曲牌，句式为三三七、七七四。此曲末句加了三个衬字。②**谩**：徒然、白白地。③**须索**：必须。**题桥柱**：亦作"题柱"。西汉司马相如贫贱时，从成都去长安求取功名，经城北"升仙桥"，在桥柱上题词："不乘高车驷马，不过此桥!"④**驷马车**：贵族达官乘坐的四马高盖车。⑤**《长门赋》**：指司马相如以陈皇后口吻所作《长门赋》。传说汉武帝时陈皇后失宠，被幽禁于长门宫内，陈皇后为使汉武帝感悟，封黄金百斤给司马相如以求一赋，司马相如为她写了《长门赋》，汉武帝读后果然感动，陈皇后遂重新得宠。

赋长门　清·周慕桥

25 拨 不 断
bō bù duàn

马致远
mǎ zhì yuǎn

菊花开，正归来。伴虎溪僧、鹤
jú huā kāi zhèng guī lái bàn hǔ xī sēng hè

林友、龙山客①；似杜工部②、陶渊
lín yǒu lóng shān kè sì dù gōng bù táo yuān

明、李太白；有洞庭柑、东阳酒、西
míng lǐ tài bái yǒu dòng tíng gān dōng yáng jiǔ xī

湖蟹③。哎，楚三闾休怪④！
hú xiè āi chǔ sān lǘ xiū guài

注释：①虎溪僧：指晋代庐山东林寺虎溪的高僧慧远。虎溪在东林寺前，据说慧远送客从不过虎溪。一天他送诗人陶渊明、道士陆静修，不知不觉过了虎溪，忽然听到虎啸，三人大笑而别，后人称为"虎溪三笑。"鹤林友：指五代道士殷天祥。相传他修炼成仙，能使春花秋放。龙山客：指晋代的孟嘉。②杜工部：杜甫，曾为检校工部员外郎。③洞庭柑：指江苏太湖洞庭山所产的名柑。西湖蟹：指杭州西湖所产的螃蟹。④楚三闾：指屈原，曾为楚三闾大夫。

虎溪三笑图　宋·佚 名

26

bō bù duàn
拨 不 断

mǎ zhì yuǎn
马致远

jiǔ bēi shēn　gù rén xīn　xiāng féng qiě mò tuī
酒杯深①，故人心，相逢且莫推

cí yǐn　jūn ruò gē shí wǒ màn zhēn　qū yuán qīng sǐ
辞饮。君若歌时我慢斟②，屈原清死

yóu tā nèn　zuì hé xǐng zhēng shèn
由他恁③。醉和醒争甚？

注释：①酒杯深：指把酒杯斟得很满。②歌：指即席吟诗或放声歌唱。③屈原清死：指屈原坚持自己的清白节操而葬身鱼腹之中。楚辞《渔父》篇载，屈原答渔父曰："举世皆浊我独清，众人皆醉我独醒。"表现了屈原的情怀。恁：如此、这样。

屈原卜居图　清·黄应湛

27

落梅风^①·远浦归帆

luò méi fēng · yuǎn pǔ guī fān

mǎ zhì yuán
马致远

xī yáng xià, jiǔ pèi xián, liǎng sān háng wèi
夕阳下，酒旆闲^②，两三航未

céng zhuó àn luò huā shuǐ xiāng máo shè wǎn duàn qiáo tóu
曾着岸^③。落花水香茅舍晚，断桥头

mài yú rén sàn
卖鱼人散。

注释： ①落梅风：双调曲牌，又名《寿阳曲》《落梅引》。②酒旆：酒旗，俗称"望子"，旧时酒店门前招徕酒客的旗子。③航：船。

杂画之远浦归帆　明·陈洪绶

37

28

luò méi fēng
落 梅 风

mǎ zhì yuǎn
马致远

xīn jiān shì　shuō yǔ tā　dòng bù dòng zǎo
心 间 事，说 与 他，动 不 动 早

yán liǎng bà　　bà zì ér chèn kě kě nǐ dào shì zài
言 两 罢①。罢 字 儿 碜 可 可 你 道 是 在

shuǎ　wǒ xīn lǐ pà nà bù pà
耍②，我 心 里 怕 那 不 怕？

注释：①早言：就说。两罢：指男女双方断绝爱情关系。②碜：凄惨可怕的样子。可可：
语气助词。

秋闺思妇图　清·崔 镗

29 落梅风

马致远

人初静，月正明。纱窗外玉梅斜映。梅花笑人偏弄影[1]，月沉时一般孤另[2]。

注释： [1]**弄影**：形容花影晃动的样子。弄，戏弄。 [2]**孤另**：孤零。另，单，独。

月曼清游图之月下赏梅 清·陈枚

30

luò méi fēng
落 梅 风

mǎ zhì yuǎn
马致远

shí xīn ér dài   xiū zuò huǎng huà ér cāi   bù
实心儿待，休做谎话儿猜。不
xìn dào wèi yī céng hài   hài shí jié yǒu shuí céng jiàn
信道为伊曾害①。害时节有谁曾见
lái   mán bù guò zhǔ yāo xiōng dài
来？瞒不过主腰胸带②。

注释：①道：此处为语气助词，加强语气。伊：第二人称，你。害：指害相思。②主腰胸带：又名抹胸，古代女性束身的一种紧身带，类似现代女性的内衣。

吟诵图　清·费丹旭

31 落梅风

luò méi fēng

马致远
mǎ zhì yuǎn

薔薇露，荷叶雨，菊花霜冷香
qiáng wēi lù hé yè yǔ jú huā shuāng lěng xiāng

庭户。梅梢月斜人影孤，恨薄情四时
tíng hù méi shāo yuè xié rén yǐng gū hèn bó qíng sì shí

辜负①。
gū fù

注释：①薄情：此处指情人，因心有所怨，故称。四时辜负：辜负了四季美好的风光。

杨柳青木版年画·荷亭消夏图

32

luò méi fēng
落 梅 风

mǎ zhì yuǎn
马致远

因他害，染病疾，相识每劝咱
是好意①。相识若知咱就里②，和相识
也一般憔悴③。

注释：①相识每：朋友们。每，元俗语，即"们"字。②就里：内情，原因。③和：连。一般：一样，同样。

月曼清游图之秋庭观绣 清·陈 枚

33

小桃红·春①

mǎ zhì yuǎn
马致远

huà táng chūn nuǎn xiù wéi chóng　bǎo zhuàn xiāng wēi
画堂春暖绣帏重②，宝篆香微
dòng　　cǐ wài xū míng yào hé yòng　zuì xiāng zhōng　dōng
动③。此外虚名要何用？醉乡中④，东
fēng huàn xǐng lí huā mèng　　zhǔ rén ài kè　xún cháng yíng
风唤醒梨花梦⑤。主人爱客，寻常迎
sòng　yīng wǔ zài jīn lóng
送，鹦鹉在金笼。

注释：①《小桃红·春》：总题为《四公子宅赋》咏四季的"重头"曲第一首。四公子即春秋战国时期的孟尝君、春申君、平原君、信陵君。②**画堂**：汉代宫中的殿堂。后泛指华丽的堂舍。**绣帏**：绣花的帷幕。**重**：一重重，言多。③**宝篆**：熏香的美称，焚时烟如篆形文字状，故称。④**醉乡**：酒醉中意识蒙眬，神志不清之境界。⑤**梨花梦**：指春梦，易逝的富贵梦。梨花开花于仲春之后，花开不久就凋落。

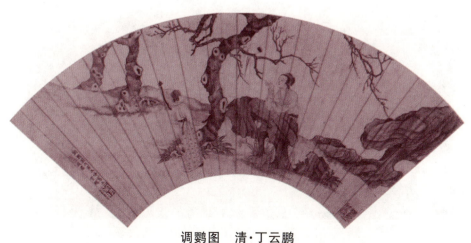

调鹦图　清·丁云鹏

(34)

金字经^①

jīn zì jīng

马致远
mǎ zhì yuǎn

絮飞飘白雪，鲊香荷叶风^②。且
xù fēi piāo bái xuě zhǎ xiāng hé yè fēng qiě

向江头作钓翁。穷，男儿未济中^③。
xiàng jiāng tóu zuò diào wēng qióng nán ér wèi jì zhōng

风波梦，一场幻化中。
fēng bō mèng yì chǎng huàn huà zhōng

注释：①金字经：南吕调曲牌，又名《阅金经》《西番经》。②鲊：经过加工的鱼类食品，如腌鱼、糟鱼等。③穷：困厄，处于困境。未济：未成功，指功名未就。

山水图之江村渔乐　清·王翚

35 金字经

马致远

夜来西风里①,九天雕鹗飞②。困煞中原一布衣③。悲,故人知未知?登楼意④,恨无上天梯。

注释:①西风:代指秋风。②雕:一种猛禽。鹗:鸟名,雕属,俗称鱼鹰。雕鹗比喻杰出人才。汉末孔融《荐祢衡表》:"鸷鸟累百,不如一鹗。"③布衣:平民,布衣为古代庶人之服,故称。④登楼意:用王粲登楼的典故。东汉末年,王粲遭乱流离,避难荆州投奔刘表,却因其貌丑体弱而不受刘表赏识重用。因此登上当阳城楼作《登楼赋》,抒发去国离乡和抱负难展的悲愤。

仿古山水图　清·上睿

36

折桂令·叹世
zhé guì lìng · tàn shì

马致远
mǎ zhì yuǎn

咸阳百二山河①，两字功名，几
xián yáng bǎi èr shān hé · liǎng zì gōng míng · jǐ

阵干戈。项废东吴②，刘兴西蜀③，
zhèn gān gē · xiàng fèi dōng wú · liú xīng xī shǔ

梦说南柯④。韩信功兀的般证果⑤，
mèng shuō nán kē · hán xìn gōng wù de bān zhèng guǒ

蒯通言那里是风魔⑥？成也萧何，败
kuǎi tōng yán nǎ lǐ shì fēng mó · chéng yě xiāo hé · bài

也萧何⑦；醉了由他！
yě xiāo hé · zuì le yóu tā

注释：①咸阳：秦国都城。**百二山河**：意谓山河形势险固，语出《史记·高祖本纪》："秦，形胜之国，带山河之险，县（悬）隔千里，持戟百万，秦得百二焉。"是说以秦国的险要地势，二万兵力足抵得上一百万的兵力。②**项废东吴**：指项羽兵败，自刎乌江。乌江，在今安徽和县东北，属古东吴之地。③**刘兴西蜀**：指刘邦曾被封为汉王，依据所占巴蜀、汉中之地，败项羽，立汉朝。④**梦说南柯**：意谓楚汉兴亡一事也如南柯一梦。唐李公佐《南柯太守传》记淳于棼梦入大槐安国，被招为驸马，任南柯太守，享尽富贵荣华，醒后却是一场白日梦。所谓槐安国不过是老槐树下的一个蚁穴。⑤**韩信**：汉朝开国功臣，辅佐刘邦夺得天下，后被吕后所害。**兀的般**：如此，这般。**证果**：佛家语，谓经长久精修，悟道有成。此指下场、结果。⑥**蒯通**：蒯彻，汉初著名辩士，曾劝说韩信反汉自立，韩信不听。他怕受牵连，装疯避祸。⑦**"成也"二句**：萧何，汉初名将。向刘邦举荐韩信和后来向吕后献计谋害韩信的都是萧何。

槐荣堂图　清·吴历

拨 不 断
bō bù duàn

马致远
mǎ zhì yuǎn

布衣中，问英雄：王图霸业成
bù yī zhōng wèn yīng xióng wáng tú bà yè chéng

何用？禾黍高低六代宫，楸梧远近
hé yòng hé shǔ gāo dī liù dài gōng qiū wú yuǎn jìn

千官冢①。一场恶梦！
qiān guān zhǒng yì chǎng è mèng

注释：① "禾黍"二句：化用唐许浑《金陵怀古》诗句："楸梧远近千官冢，禾黍高低六代宫。"六代宫：指吴、东晋以及南朝宋、齐、梁、陈六朝都建都于建康（今南京市）。楸梧：楸树和梧桐，指墓地上的树木。冢：高大的坟墓。

荆楚诗意图之龙山秋眺　清·文　点

38

bō bù duàn
拨 不 断

mǎ zhì yuàn
马致远

mò dú kuáng   huò nán fáng   xún sī yuè yì fēi
莫独狂①，祸难防。寻思乐毅非

liáng jiàng   zhí dài qí bāng sǎo dì wáng   huǒ zhōng yì zhàn
良将②，直待齐邦扫地亡③，火中一战

jī hū sàng   gǎn rén xiū gǎn shàng
几乎丧。赶人休赶上④。

注释：①**独狂：**狂妄自大。②**乐毅：**战国时燕国上将，善用兵，曾统帅燕、赵、韩、魏联军攻打齐国，攻下七十余城。燕惠王即位后，听信齐国的反间计，派骑劫接替乐毅职务，乐毅投奔赵国。齐将田单用火牛阵攻破骑劫军，一举收复全部失地，乐毅前功尽弃。③**待：**将，打算。④**休赶上：**不要逼人太甚。

荆楚诗意图之赤壁怀古　清·文　点

39

庆东原·叹世

qìng dōng yuán

tàn shì

mǎ zhì yuǎn
马致远

míng yuè xián jīng pèi　　qiū fēng zhù gǔ pí　　zhàng

明月闲旌旆①，秋风助鼓鼙②，帐

qián dī jìn yīng xióng lèi　chǔ gē sì qǐ　wū zhuī màn sī

前滴尽英雄泪。楚歌四起，乌骓漫嘶，

yú měi rén xī　　bù rú zuì hái xǐng　xǐng ér zuì

虞美人兮③！不如醉还醒，醒而醉。

注释：①旌旆：旗帜。②鼓鼙：军中用的大鼓和小鼓。③"帐前"四句：《史记·项羽本纪》："项王军壁垓下，兵少食尽，汉军及诸侯兵围之数重。夜闻汉军四面皆楚歌，项王乃大惊曰：'汉皆已得楚乎？是何楚人之多也！'项王则夜起，饮帐中。有美人名虞，常幸从；骏马名骓，常骑之。于是项王乃悲歌慷慨，自为诗曰：'力拔山兮气盖世，时不利兮骓不逝。骓不逝兮可奈何，虞兮虞兮奈若何！'歌数阕，美人和之。项王泣数行下，左右皆泣，莫能仰视。"反映项羽英雄末路的悲景。

虞姬图　清·吴友如

40 清江引①·野兴

qīng jiāng yǐn yě xing

mǎ zhì yuǎn
马致远

qiáo fū jiào lái shān yuè dī　　diào sǒu lái xún
樵夫觉来山月低②，钓叟来寻

mì　　nǐ bǎ chái fǔ pāo　wǒ bǎ yú chuán qì　xún qǔ
觅。你把柴斧抛，我把鱼船弃。寻取

gè wěn biàn chù xián zuò dì
个稳便处闲坐地③。

注释：①清江引：一名《江儿水》，双调曲牌，句式为七五、五五七。②觉来：醒来。③闲坐地：闲坐。地，语气助词。

渔樵问答　清·钱吉生

41 清江引·野兴
qīng jiāng yǐn · yě xìng

马致远 mǎ zhì yuǎn

绿蓑衣紫罗袍谁为你①？两件儿都无济②。便作钓鱼人，也在风波里。则不如寻个稳便处闲坐地。

注释：①绿蓑衣：喻指渔人或隐士。紫罗袍：喻指入仕做官。②无济：没用、没价值。

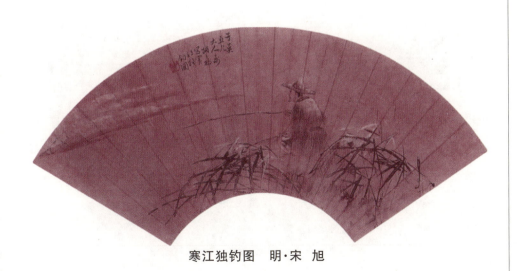

寒江独钓图　明·宋　旭

42 清江引 _{qīng jiāng yǐn}

马致远 _{mǎ zhì yuàn}

林泉隐居谁到此，有客清风
至①。会作山中相②，不管人间事。争
甚么半张名利纸！

注释：①有客清风至：把清风作为客人。②山中相：南朝著名道士陶弘景入梁后，不再做官，隐居勾曲山（今江苏西南部），梁武帝萧衍多次礼聘都不出山，国有大事，梁武帝就派人到山中咨询，故人称"山中宰相"。这里借指弃官隐居、高卧山中的隐士。

松泉高士图 元·佚名

43 清江引
qīng jiāng yǐn

马致远 mǎ zhì yuǎn

西村日长人事少①，一个新蝉
噪。恰待葵花开②，又早蜂儿闹。高
枕上梦随蝶去了③。

注释：①西村：喻指隐士所居地，原作西畴，化用陶渊明《归去来兮辞》："悦亲戚之情话……将有事于西畴。"②恰：正、刚。③梦随蝶去：用《庄子·齐物论》中庄周梦中化蝶的典故。此指进入梦乡。

仿古山水图　清·上　睿

44

四块玉

马致远

酒旋沽①，鱼新买。满眼云山画图开，清风明月还诗债②。本是个懒散人，又无甚经济才③。归去来！

杂画图之就船买得鱼偏美 清·华喦

四块玉·天台路①

马致远

采药童，乘鸾客②。怨感刘郎下天台，春风再到人何在？桃花又不见开。命薄的穷秀才，谁教你回去来！

注释：①天台：据《太平御览》载：刘晨、阮肇采药上天台山，遇二仙女各结鸾俦，留半年，怀乡思归，重返故里。"及归，乡邑零落，已十世矣。"后二人又再去天台访女，踪迹杳然。天台山，今浙江天台县北。②乘鸾客：据《列仙传》载，萧史善吹箫，得秦穆公女弄玉爱慕，结为夫妇。萧史教弄玉学箫作凤鸣声，箫声引来凤凰，夫妇二人俱乘凤凰飞升成仙。后以"乘鸾"比喻成仙或得佳偶。此指刘晨、阮肇遇仙缔结良缘。

仿古山水图之春游晚归　清·上　睿

46

sì kuài yù
四块玉·马嵬坡①
mǎ wéi pō

mǎ zhì yuǎn
马致远

shuì hǎi táng　chūn jiāng wǎn　hèn bù dé míng huáng
睡海棠②，春将晚，恨不得明皇

zhǎng zhōng kàn　　　ní cháng biàn shì zhōng yuán huàn　bù yīn
掌中看③。《霓裳》便是中原患④。不因

zhè yù huán　yǐn qǐ nà lù shān　zěn zhī shǔ dào nán
这玉环，引起那禄山，怎知蜀道难⑤？

注释：①**马嵬坡**：又名马嵬驿，今陕西兴平市西北。②**睡海棠**：指杨贵妃，据安乐史《杨太真外传》，一次唐玄宗在沉香亭召见杨贵妃，杨贵妃醉酒未醒，唐玄宗笑沉醉的杨贵妃为"海棠睡未足"，指醉态妩媚，像一朵春睡未醒的海棠花。③**明皇**：唐玄宗李隆基。④**《霓裳》**：指《霓裳羽衣曲》，相传杨贵妃善舞此曲。⑤**"不因"**三句：意谓如果唐玄宗不是因为宠爱杨贵妃，沉溺于美色，就不会引起安禄山反叛，也不会仓皇奔蜀，备尝蜀道的艰难险阻了。玉环，杨贵妃字玉环。

沉香亭图　清·袁江

四块玉·洞庭湖^①

sì kuài yù
dòng tíng hú

mǎ zhì yuǎn
马致远

画不成^②，西施女，他本倾城却倾吴^③。高哉范蠡乘舟去^④，那里是泛五湖？若纶竿不钓鱼^⑤，便索他学楚大夫^⑥。

注释：①洞庭湖：指江苏太湖，别称洞庭，为五湖之一，曲中又借指五湖。②画不成：形容西施风华绝代，画笔难以传神。③倾城：倾覆邦国，形容女人容貌绝美。倾吴：指西施以美貌倾覆吴国。④范蠡：春秋时越国大夫，越王勾践败于吴国后，帮助勾践卧薪尝胆，刻苦图强，并在民间求得美女西施，献给吴王夫差，吴王迷恋美色，荒于国政，吴被越灭亡。灭吴后，范蠡认为勾践为人"可与同患，难与处安"，便功成身退，改名鸱夷子皮，携西施"乘舟泛海以行，终不返"。⑤纶竿：钓竿。纶，钓鱼用的丝线。⑥便索：就得，就要。楚大夫：一说指楚国屈原大夫；一说指任越国大夫的楚国人文种。二人都曾受君王信任重用后遭抛弃致死。

美女西施　清·任薰

48

四块玉·临邛市①
lín qióng shì

mǎ zhì yuǎn
马致远

měi mào niáng　míng jiā zǐ　zì jià zhe gè sī
美貌娘，名家子，自驾着个私

bēn chē ér　hàn xiàng rú biàn zuò wén zhāng shì　ài tā
奔车儿②。汉相如便做文章士③，爱他

nà yì cāo ér qín　gòng tā nà liǎng jù ér shī　yě
那一操儿琴④，共他那两句儿诗⑤。也

yǒu gǎi jià shí
有改嫁时。

注释：①临邛市：古郡名，今四川邛崃，卓文君的故乡。②"美貌娘"三句：指寡居在家的卓文君爱慕司马相如的才学，与其私奔。相如家贫，她尽卖车骑，于临邛开设酒肆，文君当垆卖酒，相如则与用人一道劳作。名家子，卓文君为豪商卓王孙之女，美貌多才，性喜音乐。③汉相如：指西汉辞赋家司马相如。便：纵然，即便。④一操：一曲。古代琴曲、鼓曲中有"操""引"等名目。⑤两句儿诗：指司马相如除以琴心挑动卓文君外，还高吟《凤求凰》诗，有句云："凤兮凤兮归故乡，遨游四海求其凰。"

千秋绝艳图之卓文君　明·佚名

49

四块玉·叹世[①]
马致远

dài yě huā，xié cūn jiǔ，fán nǎo rú hé dào

带野花，携村酒，烦恼如何到

xīn tóu，shuí néng yuè mǎ cháng shí ròu　　èr qǐng tián

心头，谁能跃马常食肉[②]？二顷田，

yí jù niú，bǎo hòu xiū

一具牛[③]，饱后休[④]。

注释：①叹世：马致远以"叹世"为题的曲作甚多，以"四块玉"曲牌写的《叹世》共九首，这里选其中三首。②跃马常食肉：喻富贵得志。《史记·范雎蔡泽列传》："吾持粱刺齿肥，跃马疾驱，怀黄金之印，结紫绶于要，揖让人主之前，食肉富贵，四十三年足矣。"刘孝标《〈相经〉序》："其间或跃马膳珍，或飞而食肉。"③具：同"惧"，能拉动一种农具的畜力称为一惧。④休：罢休、满足。

杂画　明·陈洪绶

50

四块玉·叹世

sì kuài yù · tàn shì

马致远 (mǎ zhì yuán)

佐国心①，拿云手②，命里无时莫刚求③，随时过遣休生受④。几叶绵，一片绸，暖后休。

(zuǒ guó xīn, ná yún shǒu, mìng lǐ wú shí mò gāng qiú, suí shí guò qiǎn xiū shēng shòu, jǐ yè mián, yí piàn chóu, nuǎn hòu xiū)

> **注释：**①**佐国心：**辅佐君王安邦治国之心。②**拿云手：**比喻志向高远。唐李贺《致酒行》："少年心事当拏云，谁念幽寒坐鸣呃。"拏，同"拿"。③**刚求：**强求。④**生受：**辛苦、受苦。

桐阴论道图　明·崔子忠

四块玉·叹世

sì kuài yù tàn shì

马致远

51

带月行，披星走，孤馆寒食故乡秋①，妻儿胖了咱消瘦。枕上忧，马上愁，死后休。

注释：①寒食：节令名，在农历清明前一日或两日，相传起于春秋时晋文公为悼念自焚而死的功臣介之推而定。相传介之推因未受封赏，隐于山中，重耳烧山逼他出来，介之推抱树烧死。文公为悼念他，禁止在介之推死日生火煮食，只吃冷食，以后相沿成习，叫作寒食禁火。

月下把杯图　宋·佚 名

52

天净沙·秋思①
tiān jìng shā　qiū sī

马致远
mǎ zhì yuǎn

枯藤老树昏鸦②，小桥流水人家，古道西风瘦马。夕阳西下，断肠人在天涯③。
kū téng lǎo shù hūn yā　xiǎo qiáo liú shuǐ rén jiā　gǔ dào xī fēng shòu mǎ　xī yáng xī xià　duàn cháng rén zài tiān yá

注释：①秋思：秋日的愁绪。本小令被誉为"秋思之祖"。②昏鸦：傍晚归巢的乌鸦。③断肠人：指漂泊天涯、悲伤至极的旅客。

秋树昏鸦图　清·王翚

53

bō bù duàn

拨不断

mǎ zhì yuǎn
马致远

lì fēng luán　tuō zān guān　　xī yáng dào yǐng sōng
立峰峦，脱簪冠①。夕阳倒影松

yīn luàn　tài yè chéng xū yuè yǐng kuān　　hǎi fēng hàn màn
阴乱，太液澄虚月影宽②，海风汗漫

yún xiá duàn　　zuì mián shí xiǎo tóng xiū huàn
云霞断③。醉眠时小童休唤。

注释：①簪冠：指官帽。簪是古代用来固定发髻或连结冠发的针形首饰。冠，帽子。②太液澄虚：指皓月当空，天空澄澈空明，犹如太液池之水。太液，皇家宫苑池名，面积广大。虚，此指天空。③汗漫：漫无边际。

荷亭对弈图　南宋·佚 名

54 喜春来·别情
wáng bó chéng
王伯成

duō qíng qù hòu xiāng liú zhěn hǎo mèng huí shí
多情去后香留枕①，好梦回时
lěng tòu qīn mèn chóu shān chóng hǎi lái shēn dú zì
冷透衾②，闷愁山重海来深。独自
qǐn yè yǔ bǎi nián xīn
寝，夜雨百年心③。

注释：①多情：指情郎。②衾：被子。③夜雨百年心：听夜雨勾起对情人的无尽思念。百年心，谓无尽的思念。

月曼清游图之七 清·陈枚

55

山坡羊①·春睡

王实甫

云松螺髻②，香温鸳被，掩春闺一觉伤春睡。柳花飞，小琼姬③，一片声雪下呈祥瑞，把团圆梦儿生唤起④。谁，不做美？呸，却是你！

注释：①山坡羊：中吕宫曲牌。②云松螺髻：形容女子乌云般的螺形发髻在睡卧中松散开了。③小琼姬：小丫鬟。④生唤起：硬唤起。

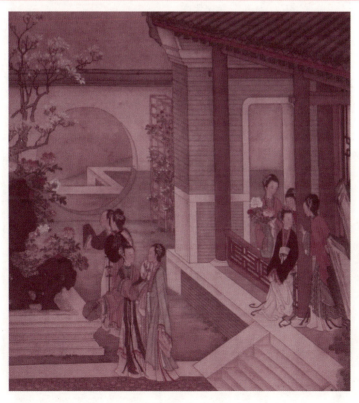

月曼清游图之五 清·陈 枚

56

shí èr yuè guò yáo mín gē
十二月过尧民歌^①·别情

bié qíng
·别情

wáng shí fǔ
王实甫

zì bié hòu yáo shān yǐn yǐn gèng nǎ kān yuǎn shuǐ
自别后遥山隐隐，更那堪远水

lín lín jiàn yáng liǔ fēi mián gǔn gǔn duì táo huā zuì
粼粼。见杨柳飞绵滚滚^②，对桃花醉

liǎn xūn xūn tòu nèi gé xiāng fēng zhèn zhèn yǎn chóng mén mù
脸醺醺。透内阁香风阵阵，掩重门暮

yǔ fēn fēn
雨纷纷^③。

重门半掩黄昏雨　明·王文衡

怕黄昏忽地又黄昏，不销魂怎地不销魂④！新啼痕压旧啼痕，断肠人忆断肠人。今春，香肌瘦几分，搂带宽三寸⑤。

注释：①十二月过尧民歌：这是一首带过曲，属于小令的变体，由"十二月"和"尧民歌"二曲组成。散曲作者写完一曲之后，意犹未尽，还可以把宫调相同而音律恰能衔接的两三个曲调连接起来写（最多只能填三调），称为"带过曲"，或称"合调"。"十二月"句式为六个四句，每句前三字是衬字。"尧民歌"句式为七七七七、二五五。元人使用的带过曲调式有三四十种，最常见的有：[正宫]《脱布衫》过《小梁州》，[中吕]《醉高歌》过《红绣鞋》，《十二月》过《尧民歌》，[南吕]《骂玉郎》过《感皇恩》《采茶歌》，[双调]《雁儿落》过《得胜令》等。这首带过曲的两个曲调都不能单独用作小令。②飞绵：飘飞的杨花柳絮。③重门：庭院深处的门。④销魂：为情所感，仿佛魂魄离体，形容极度悲愁和快乐。⑤搂带：裙带。

仿韩熙载夜宴图之观舞　明·唐　寅

57

小桃红·采莲女（一）①

杨果

采莲人和采莲歌②，柳外兰舟过③。不管鸳鸯梦惊破。夜如何？有人独上江楼卧。伤心莫唱，南朝旧曲④，司马泪痕多⑤。

注释：①**小桃红**：又名《平湖乐》，定格句式为七五七、三七、四四五。**采莲女**：杨果用《越调·小桃红》曲牌所写小令现存十一首。其中八首，见《阳春白雪》，无题，所选的二首为第三、第八首。②**和**：唱和。③**兰舟**：用木兰木制的船，常用作船的美称。此指采莲船。④**南朝旧曲**：指南朝陈后主所作词曲《玉树后庭花》，一向被认作亡国之音。唐杜牧《泊秦淮》诗："商女不知亡国恨，隔江犹唱后庭花。"⑤**司马泪痕多**：唐代诗人白居易曾被贬为江州司马，他的《琵琶行》的结句是："座中泣下谁最多，江州司马青衫湿。"在此化用该句，为作者自比。

仕女图之采莲　清·焦秉贞

58 小桃红·采莲女（二）

xiǎo táo hóng

cǎi lián nǚ èr

yáng guǒ
杨果

cǎi lián hú shàng zhào chuán huí　　fēng yuē xiāng qún
采莲湖上棹船回①，风约湘裙

cuì　　yì qǔ pí pá shù háng lèi　　wàng jūn guī fú
翠②。一曲琵琶数行泪。望君归，芙

róng kāi jìn wú xiāo xi　　wǎn liáng duō shǎo　hóng yuān bái
蓉开尽无消息③。晚凉多少，红鸳白

lù　　hé chù bù shuāng fēi
鹭，何处不双飞！

注释：①棹：船桨。此指用桨划船。②约：缠住。湘裙：用湖南一带所产的丝绸做的裙子。③芙蓉：荷花。

月曼清游图之游湖赏荷　清·陈　枚

59

gān hé yè
干荷叶①

liú bǐng zhōng
刘秉忠

gān hé yè　sè cāng cāng　lǎo bǐng fēng yáo dàng
干荷叶，色苍苍，老柄风摇荡。

jiǎn qīng xiāng　yuè tiān huáng　dōu yīn zuó yè yì chǎng
减清香，越添黄，都因昨夜一场

shuāng　jì mò zài qiū jiāng shàng
霜。寂寞在秋江上。

注释：①干荷叶：是以"干荷叶"起兴的民间小曲，又名《翠盘秋》。此曲属南吕宫，专作小令用，句式为三三五、三三七五。

秋江晚棹图　清·禹之鼎

60

gān hé yè
干荷叶

liú bǐng zhōng
刘秉忠

gān hé yè　sè wú duō　bù nài fēng shuāng
干荷叶，色无多，不耐风霜
cuò　　tiē qiū bō　dǎo zhī kē　gōng wá qí chàng cǎi
剉①。贴秋波，倒枝柯，宫娃齐唱采
lián gē　　mèng lǐ fán huá guò
莲歌②。梦里繁华过。

注释：①剉：摧折、折损。②宫娃：宫女。吴楚之间称美女为娃。

荡桨莲溪　清·费晓楼

61

gān hé yè
干 荷 叶

liú bǐng zhōng
刘秉忠

nán gāo fēng　běi gāo fēng　cǎn dàn yān xiá dòng
南高峰，北高峰，惨淡烟霞洞①。

sòng gāo zōng　yì chǎng kōng　wú shān yī jiù jiǔ qí
宋高宗②，一场空，吴山依旧酒旗

fēng　liǎng dù jiāng nán mèng
风。两度江南梦③。

注释：①烟霞洞：洞名，在南高峰下的烟霞岭上，为西湖古石洞之一。洞壁有五代、北宋造像。北高峰、南高峰在杭州西湖边。②宋高宗：南宋的第一个皇帝赵构，宋徽宗第九子。靖康二年（1127），金人攻下汴京，俘徽宗、钦宗二帝北去。赵构南逃到南京（今河南商丘），即位称帝；后又于杭州建都，世称南宋。③两度江南梦：指曾在杭州建都的五代吴越和南宋先后两个王朝的灭亡。

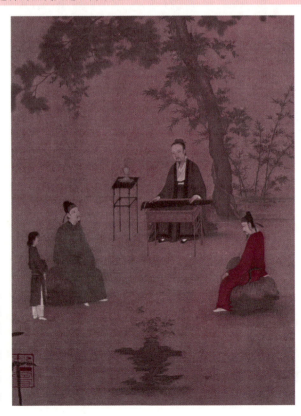

听琴图　宋·赵佶

62

醉中天·咏大蝴蝶
王鼎

tán pò zhuāng zhōu mèng　　liǎng chì jià dōng fēng　　sān
弹破庄周梦①，两翅驾东风。三
bǎi zuò míng yuán yì cǎi yí gè kōng　　nán dào shì fēng liú
百座名园一采一个空。难道是风流
niè zhǒng　　xià shā xún fāng de mì fēng　　qīng qīng shān
孽种②，吓杀寻芳的蜜蜂③。轻轻扇
dòng　bǎ mài huā rén shān guò qiáo dōng
动，把卖花人扇过桥东④。

注释：①庄周梦：指《庄子·齐物论》中庄周梦中化为蝴蝶的寓言故事。②风流孽种：指爱拈花惹草的祸害女性的风流才子。③吓杀：吓坏。寻芳：采蜜。④"轻轻"二句：化用宋谢无逸咏蝴蝶名句："江天春暖晚风细，相逐卖花人过桥。"

庄周梦蝶　元·刘贯道

63 一半儿·题情
yí bàn ér · tí qíng

wáng dǐng
王鼎

yā líng bān shuǐ bìn sì dāo cái xiǎo kē kē fú
鸦翎般水鬓似刀裁①，小颗颗芙
róng huā é ér zhǎi dài bù shū zhuāng pà niáng zuǒ cāi
蓉花额儿窄。待不梳妆怕娘左猜②。
bù miǎn chā jīn chāi yí bàn ér péng sōng yí bàn ér wāi
不免插金钗，一半儿鬅松一半儿歪③。

注释：①鸦翎：乌鸦的羽毛，形容鬓发乌黑。②左猜：猜测、起疑。③鬅松：形容头发松散。

大梅诗意图之拍竹凉烟点鬓多　清·任　熊

一半儿·题情 yí bàn ér · tí qíng

王鼎 wáng dǐng

别来宽褪缕金衣①，粉悴烟憔
bié lái kuān tùn lǚ jīn yī　　fěn cuì yān qiáo

减玉肌②。泪点儿只除衫袖知③。盼
jiǎn yù jī　　lèi diǎn ér zhǐ chú shān xiù zhī　　pàn

佳期，一半儿才干一半儿湿。
jiā qī　　yí bàn ér cái gān yí bàn ér shī

注释：①褪：衣装、服饰等穿着或套着的东西因宽松而脱出。**缕金衣**：用金线缝制的衣服。②**粉悴烟憔**：烟粉憔悴，指女子面容憔悴。粉，水粉。烟，胭脂。③**除**：除非。

人物山水画　明·尤求

65

小桃红·西园秋暮①

盍志学

玉簪金菊露凝秋②，酿出西园秀③。烟柳新来为谁瘦④？畅风流⑤，醉归不记黄昏后。小槽细酒⑥，锦堂晴昼，拚却再扶头⑦。

注释：①**小桃红：**越调。作者以此曲牌写组曲《临川八景》共八首，本篇《西园秋暮》与下面的《江岸水灯》《客船夜期》均是其中的作品。②**玉簪：**草名，状如玉簪，秋季开白花，有芳香。③**酿：**酝酿，渐渐形成。④**烟柳：**指柳絮纷飞，远看如烟的柳树。⑤**畅：**真，真是。⑥**小槽：**古时制酒器的一个部件，酒由此缓缓流出。**细酒：**精制的佳酿。⑦**拚：**舍弃不顾。**扶头：**指扶头酒，容易使人醉的酒。此处有"再醉一场"之意。

西园雅集图　明·陈洪绶

66 小桃红·江岸水灯

盍志学

万家灯火闹春桥,十里光相照。舞凤翔鸾势绝妙①。可怜宵②,波间涌出蓬莱岛③。香烟乱飘,笙歌喧闹,飞上玉楼腰④。

注释:①舞凤翔鸾:形容凤灯鸾灯翻飘飞舞的情境。凤指凤凰形的灯,鸾指鸾鸟形的灯。②可怜:可爱。③蓬莱岛:传说中的海上仙山。此处比喻灯船夜景如仙境般美妙壮观。④玉楼:指瑰丽的楼房,传说天上仙人的居所。腰:指中部。

月曼清游图之三 清·陈枚

67

小桃红·客船夜期①

盍志学

绿云冉冉锁清湾②，香彻东西岸。官课今年九分办③。厮追攀④，渡头买得新鱼雁。杯盘不干，欢欣无限，忘了大家难。

> **注释：** ①期：邀约聚会。②绿云：碧云。此指暮霭或点燃的香火青烟聚成的如云烟团。冉冉：缓缓飘动貌。锁：笼罩、封锁。③官课：旧指官家征收的赋税。九分办：免去一分赋税，按九成办理征收。④厮追攀：相互邀约。

满江红树卖鳕鱼图　清·钱吉生

68

小桃红·杂咏
zá yǒng

hé zhì xué
盍志学

xìng huā kāi hòu bù céng qíng bài jìn yóu rén
杏花开后不曾晴，败尽游人

xìng hóng xuě fēi lái mǎn fāng jìng wèn chūn yīng chūn
兴。红雪飞来满芳径①。问春莺，春

yīng wú yǔ fēng fāng dìng xiǎo mán yǒu qíng yè liáng rén
莺无语风方定。小蛮有情②，夜凉人

jìng chàng chè zuì wēng tíng
静，唱彻醉翁亭③。

注释：①红雪：比喻红杏花瓣纷落似雪。②小蛮：原指白居易的侍女，善舞。此借指歌姬。
③醉翁亭：宋欧阳修谪守滁州时，曾游宴于琅琊山，山有亭，欧阳修名之为醉翁亭，并作《醉翁亭记》。太常博士沈遵为《醉翁亭记》作琴曲《醉翁吟》。

大梅诗意图之静访鹦鹉觉立露过黄昏　清·任　熊

69

山坡羊·叹世

陈草庵

chén jī chū jiào　hūn yā zhēng zào　nǎ gè bù
晨鸡初叫，昏鸦争噪。那个不
qù hóng chén nào①　lù tiáo tiáo　shuǐ tiáo tiáo②　gōng
去红尘闹①？路迢迢，水迢迢②，功
míng jìn zài cháng ān dào③　jīn rì shào nián míng rì lǎo
名尽在长安道③。今日少年明日老。
shān　yī jiù hǎo　rén　qiáo cuì liǎo
山，依旧好；人，憔悴了。

注释：①红尘：佛家称人世间为红尘，本指尘埃，后喻指俗世和热闹繁华地，亦比喻名利
场。②迢迢：比喻路途遥远。③长安：汉唐都城，借指京城。

山村图　明·李在

70

黑漆弩^①·村居遣兴

刘敏中

hēi qī nǔ
cūn jū qiǎn xìng
liú mǐn zhōng

gāo jīn kuò lǐng shēn cūn zhù
高巾阔领深村住^②，

bù shí wǒ huàn
不识我唤

zuò cāng fù
作伧父^③。

yǎn bái shā cuì zhú chái mén
掩白沙翠竹柴门，

tīng chè qiū lái
听彻秋来

yè yǔ
夜雨。

xián jiāng dé shī sī liáng
闲将得失思量，

wǎng shì shuǐ liú dōng qù
往事水流东去。

biàn zhí jiào huà què líng yān
便直教画却凌烟^④，

shèn shì gōng míng liǎo chù
甚是功名了处^⑤？

注释：①黑漆弩：又名《鹦鹉曲》，分前后二片，定格句式：前片七七、七六，后片七六、七七。②高巾阔领：指平居便服。巾，头巾，古代平民戴的一种便帽。阔领指阔领衣衫。深村：僻远的乡村。③伧父：也作"伧夫"，犹言鄙夫、野人，粗俗鄙陋的人。陆游《老学庵笔记》："南朝谓北人曰伧父。"④便直教：即使把。画却凌烟：指将肖像画到凌烟阁上。凌烟，即凌烟阁。唐太宗为表彰二十四位功臣的功绩，将二十四位功臣的像画在凌烟阁上。⑤甚是：果真是。了处：了却处、结束处。

负郭村居图 清·吴宏

71

黑漆弩·村居遣兴

刘敏中

吾庐恰近江鸥住，更几个好事
农父。对青山枕上诗成，一阵沙头风
雨①。酒旗只隔横塘，自过小桥沽去。
尽疏狂不怕人嫌②，是我生平喜处。

注释：①沙头：沙滩。②疏狂：粗疏狂放，潇洒不羁，不为世俗所拘束。

放翁诗意图之青山缺处日初上，孤店开时莺乱啼　清·王翚

普天乐^①

pǔ tiān lè

滕斌
téng bīn

叹光阴，如流水。区区终日^②，
tàn guāng yīn，rú liú shuǐ。qū qū zhōng rì

枉用心机。辞是非，绝名利，笔砚诗
wǎng yòng xīn jī。cí shì fēi，jué míng lì，bǐ yàn shī

书为活计。乐齑盐稚子山妻^③。茅舍
shū wèi huó jì。lè jī yán zhì zǐ shān qī。máo shè

数间，田园二顷，归去来兮！
shù jiān，tián yuán èr qǐng，guī qù lái xī

注释：①普天乐：正宫调曲牌，定格句式为三三、四四、三三、七七、四四四。②区区：拳拳，专心一意，辛辛苦苦。③齑盐：腌菜、酱菜一类食品，形容清贫简朴的生活。山妻：隐士自称其妻的谦辞。

鸡声茅店图 清·袁耀

73

喜春来·赠茶肆① xǐ chūn lái · zèng chá sì

李乘 lǐ chéng

茶烟一缕轻轻飏，搅动兰膏
chá yān yì lǚ qīng qīng yáng jiǎo dòng lán gāo

四座香②，烹煎妙手赛维扬③。非是
sì zuò xiāng pēng jiān miào shǒu sài wéi yáng fēi shì

谎，下马试来尝。
huǎng xià mǎ shì lái cháng

注释：①茶肆：茶馆。②兰膏：古代用泽兰提炼成的油脂，有香气，也泛指有香气的油脂。③维扬：旧时扬州府的别称。

猗兰室图　明·文徵明

74

xǐ chūn lái
喜春来·赠茶肆
zèng chá sì

lǐ chéng
李乘

jīn zūn mǎn quàn yáng gāo jiǔ　　bù sì líng yá
金尊满劝羊羔酒①，不似灵芽
fàn yù ōu　　shēng míng xuān mǎn yuè yáng lóu　kuā miào
泛玉瓯②，声名喧满岳阳楼。夸妙
shǒu　bó shì gèng fēng liú
手，博士更风流③。

注释：①金尊：金樽，金制的酒杯。羊羔酒：用糯米、肥羊肉、麦粉等一起酿的酒，味甘滑，又称"羔儿酒"。②不似：不如，不及。灵芽：茶叶的美称。玉瓯：指杯、碗之类沏茶的器皿。③博士：宋代茶肆、酒坊的侍应，统称博士。

人物故事图之煮茶　清·陈　字

75 沉醉东风
chén zuì dōng fēng

胡祇遹 hú zhī yù

渔得鱼心满愿足，樵得樵眼笑眉舒①。一个罢了钓竿，一个收了斤斧②，林泉下偶然相遇。是两个不识字渔樵士大夫③，他两个笑加加的谈今论古④。

注释：①樵得樵：意为樵夫砍到木柴。前"樵"指樵夫，后"樵"指木柴。②斤：斧头。③不识字渔樵士大夫：赞美渔樵虽不识字，却有士大夫难得的淡泊襟怀。④笑加加：笑哈哈。

渔樵问答图 元·盛懋

76

jié jié gāo
节节高① · 题洞庭鹿角庙壁②
tí dòng tíng lù jiǎo miào bì

卢挚
lú zhì

yǔ qíng yún sàn　mǎn jiāng míng yuè　fēng wēi làng
雨晴云散，满江明月。风微浪

xī　piān zhōu yí yè　bàn yè xīn　sān shēng mèng
息，扁舟一叶。半夜心③，三生梦④，

wàn lǐ bié　mèn yǐ péng chuāng shuì xiē
万里别。闷倚篷窗睡些⑤。

注释：①节节高：黄钟宫曲牌，句式为四四、四四、三三三六。②鹿角：镇名，在今湖南岳阳南洞庭湖滨鹿角镇。③半夜心：夜深不眠时生起的离愁别恨。④三生：佛家指前生、今生和来生为三生。过去诗文中常借"三生石"的典故比喻宿缘。⑤篷窗：船篷上的窗户。些：少许、一会儿。

题壁题图

77

jīn zì jīng

金字经① ·宿邯郸驿

sù hán dān yì

卢挚

lú zhì

mèng zhōng hán dān dào　　yòu lái zǒu zhè zāo　　xū
梦中邯郸道②，又来走这遭。须

bù shì shān rén suǒ jià gāo　　shí zì cháo　　xū míng wú
不是山人索价高③。时自嘲，虚名无

chù táo　　shuí jīng jiào　　xiǎo shuāng qīn bìn máo
处逃。谁惊觉，晓霜侵鬓毛④。

注释：①金字经：南吕调曲牌，又名《阅金经》《西番经》，句式为五五七、一、五、三五。②梦中邯郸道：据唐代沈既济《枕中记》记载，少年卢生，旅宿在邯郸途中，自叹仕途困顿，遇一吕道长，给他一个枕头，说枕着它即可荣华富贵。卢生倚枕入梦，梦中享尽荣华富贵。一觉醒来，主人为他煮的黄粱米饭尚未煮熟，故又称"黄粱梦"。比喻富贵终归是虚幻的。③须：本、本来。山人：指隐士。④晓霜：比喻白发。

山水图之竹林有真趣　明·项圣谟

78 殿 前 欢^①

卢挚

酒杯浓，一葫芦春色醉疏翁^②，一葫芦酒压花梢重。随我奚童^③，葫芦干，兴不穷。谁人共？一带青山送。乘风列子^④，列子乘风。

注释：①殿前欢：双调曲牌，又名《燕引雏》《凤引雏》《小妇孩儿》，句式为三三七、四五三五、四四。②春色：此处指酒。宋代安定君王以黄柑酿酒，称为"洞庭春色"。疏翁：为作者自称，因作者自号疏斋，故自称疏翁。另本作"山翁"，则指山简，字季伦。晋时镇守襄阳，好酒，常出游，并常醉酒而归。李白有诗句"笑杀山翁醉似泥"，即咏山简嗜酒事。③奚童：书童，小仆人。"奚"是古代奴仆的称呼。④列子：列御寇，战国时郑人，《庄子·逍遥游》称其能"御风而行"。

蕉林酌酒图 明·陈洪绶

79

luò méi fēng
落梅风·别珠帘秀^①

lú zhì
卢挚

cái huān yuè　zǎo jiàn bié　　tòng shà ǎn hǎo nán
才欢悦，早间别^②，痛煞俺好难
gē shě　huà chuán ér zài jiāng chūn qù yě　　kōng liú xià
割舍。画船儿载将春去也^③！空留下
bàn jiāng míng yuè
半江明月。

注释：①落梅风：双调曲牌，又名《寿阳曲》《落梅引》。珠帘秀：元代著名歌妓，与作者有深交。②早：已经。间别：分别。③春：春色。此处比喻珠帘秀。

人物故事图之浔阳送别　明·仇英

80 黑漆弩[①]

卢挚

晚泊采石矶[②]，歌田不伐《黑漆弩》[③]，因次其韵[④]，寄蒋长卿金司、刘芜湖巨川[⑤]。

湖南长忆嵩南住，只怕失约了巢父[⑥]。舣归舟唤醒湖光[⑦]，听我篷窗春雨。故人倾倒襟期[⑧]，我亦载愁东去。记朝来黯别江滨[⑨]，又弭棹蛾眉晚处[⑩]。

注释：①黑漆弩：又名《鹦鹉曲》，分前后二片，句式为前片七七、七六，后片七六、七七。②采石矶：原名牛渚矶，在今安徽当涂县牛渚山北，突出于长江中。③田不伐：田为，宋徽宗时任大晟府乐令。④次其韵：按要和的原诗的韵和韵序作诗。⑤蒋长卿：此人不详。金司：为蒋长卿的官称。金司为总管文牍的幕僚。刘芜湖巨川：芜湖为刘巨川所任职地的地名。⑥巢父：古传说唐尧时代的隐士。尧让天下给他，拒而不受。⑦舣：作动词用，使船靠岸。⑧襟期：襟怀、抱负、志愿。⑨黯别：黯然伤心沮丧地告别。⑩弭棹：停船。弭，此处为停止意。蛾眉：指新月。

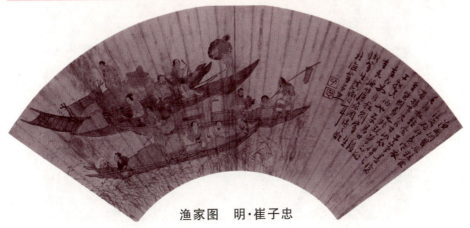

渔家图　明·崔子忠

81

chén zuì dōng fēng
沉醉东风·秋景
qiū jǐng

lú zhì
卢挚

guà jué bì sōng kū dào yǐ　　luò cán xiá gū
挂绝壁松枯倒倚①，落残霞孤

wù qí fēi　　sì wéi bù jìn shān　yí wàng wú qióng
鹜齐飞②。四围不尽山，一望无穷

shuǐ sàn xī fēng mǎn tiān qiū yì　yè jìng yún fān yuè
水，散西风满天秋意。夜静云帆月

yǐng dī zài wǒ zài xiāo xiāng huà lǐ
影低，载我在潇湘画里③。

注释：①"挂绝壁"句：化用李白《蜀道难》"枯松倒挂倚绝壁"句。②"落残霞"句：化用王勃《滕王阁序》中的名句："落霞与孤鹜齐飞。"鹜，野鸭。③潇湘画：潇湘，湖南境内两条河流。宋代画家宋迪绘有《潇湘八景图》平远山水组画。此用其意。

唐人诗意图之请看石上藤萝月　明·陆治

82

沉醉东风·闲居

chén zuì dōng fēng

xián jū

卢挚
lú zhì

恰离了绿水青山那搭①，早来到
qià lí le lǜ shuǐ qīng shān nà dā　　zǎo lái dào

竹篱茅舍人家②。野花路畔开，村酒
zhú lí máo shè rén jiā　　yě huā lù pàn kāi　cūn jiǔ

槽头榨③，直吃的欠欠答答④。醉了山
cáo tóu zhà　　zhí chī de qiàn qiàn dá dá　　zuì le shān

童不劝咱，白发上黄花乱插⑤。
tóng bù quàn zán　bái fà shàng huáng huā luàn chā

注释：①**恰：**刚刚，才。**那搭：**那边，那块。②**早来到：**已经来到。③**槽：**酿酒器具。④**欠欠答答：**迷迷糊糊，疯疯癫癫，痴痴呆呆。⑤**黄花：**菊花。此句化用唐杜牧《九日齐山登高》诗句："尘世难逢开口笑，菊花须插满头归。"

春耕草堂图　清·禹之鼎

83

chén zuì dōng fēng
沉醉东风·重九①
chóng jiǔ

lú zhì
卢挚

tí hóng yè qīng liú yù gōu shǎng huáng huā rén
题红叶清流御沟②，赏黄花人
zuì gē lóu tiān cháng yàn yǐng xī yuè luò shān róng shòu
醉歌楼。天长雁影稀，月落山容瘦，
lěng qīng qīng mù qiū shí hòu shuāi liǔ hán chán yí piàn
冷清清暮秋时候。衰柳寒蝉一片
chóu shuí kěn jiào bái yī sòng jiǔ
愁，谁肯教白衣送酒③？

注释：①重九：农历九月初九重阳节。②红叶：化用唐代红叶题诗配佳偶的传说。大意是某宫女题诗在红叶上，投入御沟随水流出宫外，被某士子拾得，后巧结良缘。③白衣送酒：据南朝宋·檀道鸾《续晋阳秋》：陶潜重九之日，在宅边菊丛赏菊，无酒，正好江州刺史王弘派僮仆（白衣人）前来送酒，陶渊明当即酌饮，醉而归。白衣，古代官府衙役小吏着白衣。

东篱赏菊图 明·唐寅

84

落梅风·答卢疏斋①
珠帘秀

山无数，烟万缕，憔悴煞玉堂人物②。倚篷窗一身儿活受苦，恨不得随大江东去！

注释：①卢疏斋：疏斋为卢挚号。卢有《落梅风·别珠帘秀》一曲（见前）。②玉堂：宫中殿堂。后人称翰林院为玉堂。卢挚曾任集贤学士大中大夫，又任翰林学士，故称其为玉堂人物。

赤壁图　明·杨　晋

85

píng lán rén
凭栏人·寄征衣^①

姚燧

yù jì jūn yī jūn bù huán bù jì jūn yī jūn
欲寄君衣君不还，不寄君衣君

yòu hán jì yǔ bù jì jiān qiè shēn qiān wàn nán
又寒。寄与不寄间，妾身千万难^②。

注释：①凭栏人：越调曲牌名。征衣：远行在外者的衣服。②妾身：古代女子谦称。

习书图 清·任预

86

阳春曲
姚燧

笔头风月时时过①，眼底儿曹渐渐多②。有人问我事如何③？人海阔④，无日不风波⑤。

注释：①笔头风月：笔头描绘的清风明月。②儿曹：儿孙们，指晚一辈的青年。③事：指官场之事，亦兼指立身处世。④人海：指人世，人类社会。⑤无日不风波：意谓没有哪一天不出现这样或那样的风波。风波，比喻人事纠纷和仕途的艰险。

春居图　清·袁　耀

87 鹦鹉曲·山亭逸兴

yīng wǔ qǔ　shān tíng yì xìng

冯子振 (féng zǐ zhèn)

白无咎有《鹦鹉曲》云[①]："侬家鹦鹉洲边住，是个不识字渔父。浪花中一叶扁舟，睡煞江南烟雨。觉来时满眼青山，抖擞绿蓑归去。算从前错怨天公，甚也有安排我处。"余壬寅岁留上京[②]，有北京伶妇御园秀之属[③]，相从风雪中。恨此曲无续之者，且谓前后多亲炙士大夫[④]，拘于韵度，如第一个"父"字便难下语；又"甚也有安排我处"，"甚"字必须去声字，"我"字必须上声字，音律始谐，不然不可歌，此一节又难下语。诸公举酒，索余和之。以汴、吴、上都、天京风景试续之。

山水图之杖策柴门　清·王　云

嵯峨峰顶移家住⑤，是个不唧溜樵父⑥。烂柯时树老无花⑦，叶叶枝枝风雨。故人曾唤我归来，却道不如休去。指门前万叠云山，是不费青蚨买处⑧。

注释：①白无咎：元代散曲作家白贲，号无咎。鹦鹉曲：原名《黑漆弩》，因白贲用此曲牌所作的一曲首句"侬家鹦鹉洲边住"盛传士林，故人们又称《黑漆弩》为《鹦鹉曲》。②壬寅岁：元成宗大德六年（1302）。上京：元京城大都，即北京。③伶妇：女演员。④亲炙：亲身受到教益。⑤嵯峨：山势高耸，突兀险峻。⑥不唧溜：不伶俐、不精明。⑦烂柯：据梁任昉《述异记》载：晋时王质到信安郡石室山伐木，见几个童子边下围棋边唱歌，王质站下来听歌看棋。童子给他一粒枣核状的东西，王质含在嘴里便不觉得饥饿。不一会儿，童子对他说："怎么还不走？"王质起身，看见斧柄全已朽烂。柯，斧柄。⑧青蚨：指钱。《搜神记》十三："南方有虫名青蚨……取其子，即飞来，不以远近。虽潜取其子，母必知处，以母血涂钱八十一文，以子血涂钱八十一文。每市物，或先用母钱，或先用子钱，皆复飞归，轮转不已。"后人因称钱为"青蚨"。

山水图　清·王云

88

鹦鹉曲·感事
yīng wǔ qǔ · gǎn shì

冯子振 féng zǐ zhèn

江湖难比山林住，种果胜刺船
jiāng hú nán bǐ shān lín zhù，zhòng guǒ shèng cì chuán

父①。看春花又看秋花，不管颠风狂
fù　kàn chūn huā yòu kàn qiū huā　bù guǎn diān fēng kuáng

雨。尽人间白浪滔天，我自醉歌眠去。
yǔ　jìn rén jiān bái làng tāo tiān　wǒ zì zuì gē mián qù

到中流手脚忙时，则靠着柴扉深处②。
dào zhōng liú shǒu jiǎo máng shí　zé kào zhe chái fēi shēn chù

注释：①刺船：撑船。此句意谓江湖上的船夫不如山林里的果农。②柴扉：用树条编扎的门。

嵩山草堂图　清·王翚

89 鹦鹉曲·野客

冯子振

春归不恋风光住，向老拙问讯槎父①。叹荏苒李白漂零②，寂寞长安花雨。指沧溟铁网珊瑚③，袖卷钓竿西去④。锦袍空醉墨淋漓，是万古声名响处。

注释：①老拙：对自己的谦称。槎父：驾竹木筏的人。晋·张华《博物志》载："天河与海通，近世有人居海渚者，年年八月，有浮槎去来，不失期。"后用"浮槎"比喻入朝做官。②荏苒：时光流逝。漂零：飘零，坠落。③指：投向。沧溟：大海。铁网珊瑚：指用铁网收取海底的珊瑚，后用以比喻搜罗珍奇、人才。④"袖卷"句：化用李白"捉月沉江"的传说，传说唐李白酒醉泛舟当涂采石，俯捉江中月影而溺死，暗喻不幸死去。

为拱北作山水图 清·原济

101

90

luò méi fēng
落梅风

guàn yún shí
贯云石

xīn qiū zhì　　rén zhà bié　　　shùn cháng jiāng shuǐ liú
新秋至，人乍别①。顺长江水流
cán yuè　　yōu yōu huà chuán dōng qù yě　　zhè sī liáng qǐ
残月。悠悠画船东去也②！这思量起
tóu ér yí yè
头儿一夜③。

注释：①乍别：刚刚分别。②悠悠：悠闲自在的样子，也可作远解。③思量：指怀念、挂记的思绪。起头儿一夜：指分别的第一夜。

人物山水画　明·尤 求

91

红绣鞋①

贯云石

挨着靠着云窗同坐,看着笑着月枕双歌②,听着数着愁着怕着早四更过③。四更过,情未足;情未足,夜如梭④。天哪,更闰一更儿妨甚么⑤?

注释:①红绣鞋:又名《朱履曲》,中吕宫曲牌。②月枕:指月牙形的枕头。③听着数着愁着怕着:指听更鼓,数更声,愁天明,怕离别。④夜如梭:夜间如织梭般逝去,比喻光阴飞逝。⑤更闰一更:更加一个更次,就是再将夜晚时间延长一个更次的时间。闰指延长。

雁天赏月图 清·佚名

92

diàn qián huān　yī
殿前欢（一）

guàn yún shí
贯云石

chàng yōu zāi　chūn fēng wú chù bù lóu tái yì
畅幽哉①，春风无处不楼台。一

shí huái bào jù wú nài　zǒng duì tiān kāi jiù yuān míng
时怀抱俱无奈②，总对天开③。就渊明

guī qù lái pà hè yuàn shān qín guài wèn shèn gōng míng
归去来④，怕鹤怨山禽怪⑤。问甚功名

zài suān zhāi xiào wǒ wǒ xiào suān zhāi
在！酸斋笑我，我笑酸斋⑥。

注释：①畅幽哉：真幽雅。②一时：一时间。怀抱：胸襟、抱负。无奈：无可奈何，不知如何是好。③总：全，皆。对天开：向天表白。开，一一陈说。④就：趋就。⑤鹤怨山禽怪：指原来隐居林泉的周颙，后来又出山做官，惹得山林中与他相处的白鹤、猿猴都感到吃惊和怨愤。这里反其意而用之，是表明其归隐之志已决。⑥酸斋：作者自号。

归去来兮辞之临清流而赋诗　明·李　在

殿前欢（二）

贯云石

怕西风，晚来吹上广寒宫①。玉台不放香奁梦②，正要情浓③。此时心造物同④，听甚《霓裳弄》。酒后黄鹤送⑤。山翁醉我⑥，我醉山翁。

古贤诗意图之月下独酌　明·杜　堇

94

塞鸿秋① ·代人作
guàn yún shí
贯云石

战西风遥天几点宾鸿至②，感起我南朝千古伤心事③。展花笺欲写几句知心事，空教我停霜毫半晌无才思④。往常得兴时，一扫无瑕疵⑤。今日个病恹恹刚写下两个相思字⑥。

注释：①塞鸿秋：正宫调曲牌，句式为七七七七、五五七。②战：惧怕。宾鸿：鸿，候鸟，每秋到南方来过冬。《礼记·月令》："季秋之月，鸿雁来宾。"古人以仲秋（农历八月）先来之雁为主，季秋（农历九月）后来之雁为宾。故称"宾鸿"。③感起我：使我思念起。南朝：指宋、齐、梁、陈四朝，都建都在南方的建康（今江苏省南京市）。四代君主多荒淫误国，王朝频繁迭替。④霜毫：洁白的兔毛制成的毛笔。⑤一扫无瑕疵：一挥而就，文不加点，没有毛病。⑥病恹恹：精神萎靡不振的样子。

仿古山水图 清·上睿

95

山坡羊·燕城述怀①
shān pō yáng · yān chéng shù huái

刘致
liú zhì

yún shān yǒu yì，xuān cháng wú jì②，bèi xī fēng
云山有意，轩裳无计②，被西风

chuī duàn gōng míng lèi。qù lái xī，zài xiū tí！qīng shān
吹断功名泪。去来兮，再休提！青山

jìn jiě zhāo rén zuì③，dé shī dào tóu jiē wù lǐ④
尽解招人醉③，得失到头皆物理④。

dé，tā mìng lǐ；shī，zán mìng lǐ
得，他命里；失，咱命里。

注释：①燕城：故址在今河北易县东南。相传燕昭王曾在此筑黄金台，置黄金于台上，以招聘天下奇士。②轩裳：大夫之服装，比喻官居上位者。③尽解：完全懂得。④物理：事物的常理，天理。

观瀑图 明·汪肇

96 山坡羊·西湖醉歌次郭振卿韵

liú zhì
刘致

朝朝琼树①，家家朱户②，骄嘶过沽酒楼前路③。贵何如，贱何如？六桥都是径行处④，花落水流深院宇⑤。闲，天定许；忙，人自取。

注释：①朝朝：日日。琼树：琼花玉树，形容繁华景象。琼，赤色玉，常用来比喻精美的事物。②朱户：朱门大户，古代帝王赏赐公侯的"九锡"之一，泛指贵族宅第。③骄：放纵。嘶：发声凄楚哽噎，如骏马嘶叫。④六桥：指杭州西湖苏堤上的六座石拱桥，名为映波、锁澜、望山、压堤、东（束）浦、跨虹，宋朝苏轼始建。⑤"花落"句：意谓院宇深深的高门大户、富贵人家，最终也会"落花流水春去"。一切功名富贵都如过眼云烟。

西湖纪胜图之虎跑泉 明·孙枝

97

水仙子·游越福王府①

乔吉

笙歌梦断蒺藜沙②，罗绮香余野菜花③，乱云老树夕阳下。燕休寻王谢家④，恨兴亡怒煞些鸣蛙。铺锦池埋荒甃⑤，流杯亭堆破瓦⑥，何处也繁华？

注释：①福王：名赵与芮，为宋太祖赵匡胤十世孙，理宗赵昀的同母弟，府第在绍兴府山阴县。②蒺藜沙：长满蒺藜的沙地。蒺藜，果皮有刺，又称刺蒺藜。③"罗绮"句：野菜花上残留着罗绮余香。④王谢：指六朝时的望族王氏、谢氏。后以"王谢"作为高门世族的代称。⑤埋荒甃：被倒塌的砖块所掩埋。甃，砖。⑥流杯亭：相传为春秋吴王阖闾游春处。

南归诗画图 清·原济

109

98

水仙子 · 赋李仁仲懒慢斋①

乔吉

闹排场经过乐回闲②，勤政堂辞别撒会懒③，急喉咙倒唤学些慢④。掇梯儿休上竿⑤，梦魂中识破邯郸⑥。昨日强如今日⑦，这番险似那番⑧，君不见鸟倦知还？

注释：①懒慢斋：李仁仲的居室名号。②闹排场：热闹的排场。回：次。③勤政堂：泛指官府执勤办理政事的地方。会：一会儿。④急喉咙：比喻急性子。⑤"掇梯儿"句：元人口语，意谓不受人怂恿上当受骗。此处比喻不想往上爬。⑥"梦魂"句：指觉悟到功名富贵都是虚幻之物。⑦强：强健。如：不如。清俞越《古书疑义举例·语急例》："古人语急，故有以'如'为'不如'者。"⑧险似：险于、险过。

山斋客至图　明·周臣

水仙子·嘲少年

乔吉

纸糊锹轻吉列枉折尖①，肉膘胶干支剌有甚粘②，醋葫芦嘴古邦佯装欠③。接梢儿虽是谄④，抱牛腰只怕伤廉⑤。性儿神羊也似善⑥，口儿密钵也似甜，火块儿也似情忺⑦。

注释：①轻吉列：极轻的意思。吉列，语气助词。②膘胶：鳔胶，用鱼鳔（鱼泡）做的胶，粘物很牢，俗称鱼胶。肉膘胶，指用干肉做的胶，不能粘物。干支剌：干瘪、干枯。支剌，语气助词。③古邦：形容像葫芦嘴默不出声的样子。欠：此处为痴呆义。④接梢儿：接过话茬儿，搭腔。谄：献媚奉承。⑤抱牛腰：比喻巴结权贵。牛腰，即粗腰，指有权有势的人。⑥神羊：传说中的独角羊，性忠贞善良。⑦情忺：心情欢悦高兴。忺，兴奋。

临宋人画之村童闹学 明·仇英

100

水仙子·展转秋思京门赋①

乔吉

琐窗风雨古今情②，梦绕云山十二层③，香销烛暗人初定。酒醒时愁未醒，三般儿挨不到天明④：嶬地罗帏静⑤，森地鸳被冷⑥，忽地心疼。

注释：①展转：同辗转，辗转反侧，卧不安席。②琐窗：镂刻有连锁图案的窗棂。③云山：云雾缭绕的高山。④三般儿：指下文的罗帏静、鸳被冷和心疼。⑤嶬地：无端地、突然地、平白无故地。帏：帐幕。⑥森地：阴森寒凉。

月曼清游图之八 清·陈 枚

水仙子 · 寻梅

乔吉

冬前冬后几村庄，溪北溪南两履霜，树头树底孤山上^①。冷风来何处香？忽相逢缟袂绡裳^②。酒醒寒惊梦，笛凄春断肠^③，淡月昏黄^④。

注释： ①孤山：在杭州西湖中，山多梅花。宋初爱梅诗人林逋曾隐居山中，作咏梅诗，有名句"暗香浮动月黄昏"。孤山梅由此著称于世。②缟袂绡裳：白绢做的衣袖，薄绸做的下衣，形容梅花的美艳。③笛凄春断肠：化用宋连静女《武陵春》词句"笛声里声声不忍听，浑似断肠声"诗意。④淡月昏黄：化用林逋诗句"暗香浮动月黄昏"诗意。

西郊寻梅图　清·禹之鼎

102

水仙子·暮春即事

shuǐ xiān zǐ
mù chūn jí shì

乔吉
qiáo jí

fēng chuī sī yǔ xùn chuāng shā　　tái huò sū ní
风吹丝雨噀窗纱①，苔和酥泥

zàng luò huā　　juǎn yún gōu yuè lián chū guà　　yù chāi xiāng
葬落花②，卷云钩月帘初挂。玉钗香

jìng huá　　yàn cáng chūn xián xiàng shuí jiā　　yīng lǎo xiū xún
径滑③，燕藏春衔向谁家？莺老羞寻

bàn　　fēng hán lǎn bào yá　　tí shà jī yā
伴，蜂寒懒报衙④，啼煞饥鸦。

注释：①噀：喷。②酥泥：松软的泥土。③玉钗：此处代指美女。④报衙：本指旧时官吏打鼓升堂，开始治事。此处指蜜蜂采蜜。

十二金钗图之林黛玉葬花　清·费丹旭

103

水仙子·为友人作
shuǐ xiān zǐ · wèi yǒu rén zuò

乔吉 qiáo jí

搅柔肠离恨病相兼，重聚首佳期卦怎占①，豫章城开了座相思店②。闷勾肆儿逐日添③，愁行货顿塌在眉尖④。税钱比茶船上欠⑤，斤两去等秤上掂⑥，吃紧的历册般拘钤⑦。

注释：①卦怎占：怎样才能占一个好卦？②豫章城：今江西省南昌市。③勾肆：勾栏瓦肆，宋代兴起的伎人俳优的卖艺场所。此句比喻相思的愁闷与日俱增。④行货：货物、商品，此处指忧愁烦恼。顿塌：囤积堆聚。⑤欠：少。此句意谓大量的相思债比之贩茶船所交纳的茶税可能要少一点。⑥等秤：戥秤，古代用来称金、银或药材的小秤。⑦吃紧的：又作"赤紧的"，的确、实在。历册：指商家的账簿。拘钤：钳制、管制、拘束。钤，锁。此句形容相思之苦把人折磨得惶惶不可终日。

煮茶论画图　明·仇英

115

104

水仙子·怨风情①

qiáo jí
乔吉

眼前花怎得接连枝②，眉上锁新教配钥匙③，描笔儿勾销了伤春事。闷葫芦铰断线儿④，锦鸳鸯别对了个雄雌。野蜂儿难寻觅⑤，蝎虎儿干害死⑥，蚕蛹儿毕罢了相思⑦。

注释：①怨风情：意为因失恋而伤怨。②连枝：连理枝，比喻男女相爱不分开如树枝紧相连。③眉上锁：形容紧皱的双眉如锁难打开。④闷葫芦：比喻像闷在葫芦里不知所措。⑤野蜂：指用情不专一的负心男人。⑥蝎虎：壁虎，又名守宫。古人认为把用丹砂喂养的蝎虎捣碎，粘在未婚女子身上，如不和男人交接，就终身不灭去，故用此表示守贞节。干害死：白白地被坑害死。⑦"蚕蛹儿"句：以蚕成蛹不能再吐丝，比喻不再相思，表示对爱情完全绝望。

水仙子·咏雪

105

shuǐ xiān zǐ yǒng xuě

qiáo jí
乔吉

lěng wú xiāng liǔ xù pū jiāng lái　dòng chéng piàn lí
冷无香柳絮扑将来，冻成片梨

huā fú bù kāi　dà huī ní màn bù liǎo sān qiān jiè
花拂不开，大灰泥漫不了三千界①。

yín léng le dōng dà hǎi　tàn méi de xīn jìn nán ái
银棱了东大海②，探梅的心禁难挨③。

miàn wèng ér lǐ yuán ān shè　yán guàn ér lǐ dǎng wèi
面瓮儿里袁安舍④，盐罐儿里党尉

zhái　fěn gāng ér lǐ wǔ xiè gē tái
宅⑤，粉缸儿里舞榭歌台⑥。

注释：①灰泥：白石灰的省称，形容雪花像白灰一般又白又厚。三千界：佛家语，即三千大千世界。佛教以须弥山为中心，以铁围山为外郭，称为一小千世界，一千个小世界合起来为中千世界，一千个中千世界合起来为大千世界，总称三千大千世界。此处形容广大无边的世界。②"银棱"句：意谓大雪给东大海涂上了一层白银。棱，镶，镀。③探梅的：指踏雪寻梅的孟浩然。心禁：指冷得心里直打哆嗦。禁，通"噤"。④袁安舍：袁安的住所。袁安，字邵公，东汉人。入仕前，一次特大暴风雪封住了袁安住处的门，洛阳县令以为袁安已死，派人清除积雪，进屋后见袁安僵卧在内，原因是不想出外求援乞食，甘愿在家忍饥挨饿。此处以袁安舍代贫士。全句意思是贫士的房屋为雪所掩，就像藏在面粉瓮里一样。⑤"盐罐儿"句：意谓党太尉的住宅像在盐罐里。党尉，指党进，北宋人，官居太尉，到下雪时便和宠姜趁雪景在家饮酒作乐。⑥"粉缸儿"句：意谓舞榭歌台像铺在粉缸里。

杨柳青木版年画·踏雪寻梅图

117

106

水仙子·嘲楚仪①

乔吉

顺毛儿扑撒翠鸾雏②，暖水儿温存比目鱼③，碎砖儿垒就阳台路④。望朝云思暮雨，楚巫娥偷取些工夫⑤。殢酒人归未⑥，停歌月上初。今夜何如？

注释： ①**楚仪：** 指当时名妓李芝仪。乔吉所作的209首小令中，咏楚仪的有7首之多。②**扑撒：** 轻轻拍打、抚拭。**鸾雏：** 子鸾。③**比目鱼：** 也叫偏口鱼。鱼身体扁平，长成后两眼逐渐移到头部的一侧，平卧在海底。旧时说，因为这种鱼仅有一只眼，必须两条鱼紧靠在一起，才能在水中游行。《尔雅·释地》："东方有比目鱼焉，不比不行。"古诗文中常以比目鱼两两在一起比喻情人形影不离，相为厮守。④**阳台：** 见宋玉《高唐赋序》："妾在巫山之阳，高丘之阻，旦为行云，暮为行雨，朝朝暮暮，阳台之下。"后因以阳台作为男女合欢之处。⑤**巫娥：**《高唐赋序》中自荐于楚王的巫山神女。此喻指楚仪。⑥**殢酒：** 沉溺于酒而受阻滞。殢，困扰、纠缠不清。

人物山水图 明·尤求

水仙子·乐清箫台①

shuǐ xiān zǐ　lè qīng xiāo tái

乔吉 qiáo jí

枕苍龙云卧品清箫②，跨白鹿春
zhěn cāng lóng yún wò pǐn qīng xiāo　kuà bái lù chūn

酣醉碧桃③，唤青猿夜拆烧丹灶④。二千
hān zuì bì táo　huàn qīng yuán yè chāi shāo dān zào　èr qiān

年琼树老⑤，飞来海上仙鹤。纱巾岸
nián qióng shù lǎo　fēi lái hǎi shàng xiān hè　shā jīn àn

天风细⑥，玉笙吹山月高，谁识王乔⑦？
tiān fēng xì　yù shēng chuī shān yuè gāo　shuí shí wáng qiáo

注释：①乐清箫台：传说中萧史、弄玉吹箫引凤之台。②苍龙：形容苍劲的松柏。云卧：高卧于云间，即指隐居。品：吹奏。③白鹿：仙鹿，传说鹿满五百岁则毛色白。《艺文类聚》引《濑乡记》："老子乘白鹿，下托于李母也。"春酣：春盛、春浓。④烧丹灶：炼丹的炉灶，道家认为炼丹可以成仙。⑤琼树：仙树。《庄子》："南方有鸟，其名为凤，所居积石千里，天为生食，其树为琼枝，高百仞。"⑥纱巾岸：指把头巾推起，露出前额，形容简率不拘。岸，露额。⑦王乔：仙人王子乔。据《列仙传》载："王子乔，周灵王太子晋也。好吹笙作凤凰鸣。道士浮丘公接以上嵩山。"

吹箫仕女图　明·唐寅

折桂令·寄远

108

乔吉

怎生来宽掩了裙儿①？为玉削肌肤②，香褪腰肢③。饭不沾匙，睡如翻饼，气若游丝。得受用遮莫害死④，果诚实有甚推辞⑤？干闹了多时⑥，本是结发的欢娱，倒做了彻骨儿相思。

注释：①怎生：为什么。②为：因为。削：减。③褪：缩细，削减。④得受用：指夫妻生活、感情的满足。遮莫：任凭，即使。⑤果诚实：如果真是这样真心诚意。⑥干：白白地、徒然地。

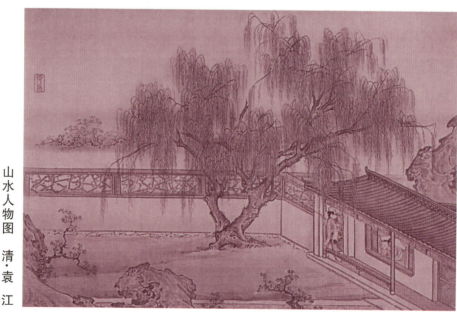

山水人物图 清·袁江

109

折桂令 · 赠罗真真①

乔吉

罗浮梦里真仙②，双锁螺鬟，九晕珠钿③。晴柳纤柔，春葱细腻，秋藕匀圆。酒盏儿里央及出些腼腆④，画帏儿上唤下来的婵娟⑤。试问尊前，月落参横⑥，今夕何年？

注释：①罗真真：似是一位歌妓。②罗浮梦：据柳宗元《龙城录》："赵师雄迁罗浮，梦中遇见仙女，醒来，在大槐树下，当时月落参横。"③九晕珠钿：形容所戴首饰光芒四射。九，言其多。晕，日、月的外层光圈。④央及：累及、带累。⑤画帏：画卷。帏，同帧。婵娟：指美女。⑥参横：参为二十八宿星之一。参星横在一边，是天快要亮的时候。

罗浮梦景图 清·费丹旭

110

zhé guì lìng
折桂令·七夕赠歌者（一）①
qī xī zèng gē zhě yī

qiáo jí
乔吉

崔徽休写丹青②，雨弱云娇，水
cuī huī xiū xiě dān qīng   yǔ ruò yún jiāo shuǐ

秀山明。箸点歌唇③，葱枝纤手，好
xiù shān míng zhù diǎn gē chún cōng zhī xiān shǒu hǎo

个卿卿④。水洒不着春妆整整⑤，风
gè qīng qīng shuǐ sǎ bù zháo chūn zhuāng zhěng zhěng fēng

吹的倒玉立亭亭⑥。浅醉微醒，谁伴
chuī de dǎo yù lì tíng tíng qiǎn zuì wēi xǐng shuí bàn

云屏？今夜新凉，卧看双星⑦。
yún píng jīn yè xīn liáng wò kàn shuāng xīng

注释：①七夕：农历七月初七，相传牛郎织女这一夜在天河相会。②崔徽：唐代歌妓，善
画。写：此指绘画。③箸：筷子。这里以箸点形容唇小。④卿卿：对亲爱者的昵称。
⑤春妆：盛妆。⑥玉立亭亭：形容女子身材纤长秀美。⑦双星：指牛郎星、织女星。

山水人物图之七夕密语　清·袁　江

111 折桂令·七夕赠歌者（二）

乔吉

黄四娘沽酒当垆①，一片青旗②，一曲骊珠③。滴露和云，添花补柳，梳洗工夫④。无半点闲愁去处⑤，问三生醉梦何如⑥。笑倩谁扶⑦，又被春纤⑧，搅住吟须⑨。

注释：①黄四娘：借指当垆卖酒的美貌女子。当垆：古时酒店垒土为垆，安放酒瓮，卖酒人坐在垆边，叫当垆。②青旗：指酒旗。唐元稹《和乐天重题别东楼》："卖垆高挂小青旗"。③骊珠：一种珍贵的宝珠，传说出自骊龙颔下。此处比喻婉转动听的歌声。④"滴露和云"三句：描述梳妆打扮的精细。⑤去处：地方。⑥三生醉梦：沉醉的梦乡。三生，前生、今生、来生。⑦倩：请。⑧春纤：女子娇嫩细长的手指。⑨吟须：诗人的胡须。作者自指。搅住吟须，有求诗之意。

杨柳青木版年画·天河配

(112)

折桂令 (zhé guì lìng)

乔吉 (qiáo jí)

雨窗寄刘梦鸾赴宴以侑尊云①
(yǔ chuāng jì liú mèng luán fù yàn yǐ yòu zūn yún)

妒韶华风雨潇潇②，管月犯南箕③，水漏天瓢。湿金缕莺裳，红膏燕嘴，黄粉蜂腰。梨华梦龙绡泪今春瘦了④，海棠魂羯鼓声昨夜惊着⑤。极目江皋⑥，锦涩行云，香暗归潮⑦。

注释：①刘梦鸾：当为歌妓，生平不详。**侑尊**：在筵席上助兴，劝酒或陪侍。②**韶华**：美好时光。③**管**：管他什么。**月犯南箕**：指起风。箕，星名，二十八宿之一，主风。旧说，月遇箕宿是起风的征兆。犯，遭遇。④**龙绡**：鲛绡。"南海出鲛绡纱……一名龙纱，以为服，入水不濡。"此句意谓雨水滴在梨花上，如鲛人流泪，而梨花纷纷谢落，使春天也显得瘦了。⑤**羯鼓声**：相传唐明皇最爱羯鼓技艺。一次，仲春二月，连雨数日，天刚放晴，明皇击羯鼓而叶吐花发。⑥**极目江皋**：放眼看江岸。⑦**"锦涩"二句**：意谓美丽的行云因下雨而凝滞，淡淡的花香随晚潮而归来。

击鼓催花　清·周慕桥

113 折桂令·丙子游越怀古①

zhé guì lìng
bǐng zǐ yóu yuè huái gǔ

乔吉 *qiáo jí*

蓬莱老树苍云②，禾黍高低，狐兔纷纭③。半折残碑，空余故址，总是黄尘。东晋亡也再难寻个右军④，西施去也绝不见甚佳人。海气长昏，啼鴂声干⑤，天地无春。

注释：①丙子：元顺帝至元二年（1336年）。②蓬莱：绍兴有蓬莱阁，旧址在龙山下。此处泛指越中一带，古人常赞这一带为人间仙境。③"禾黍"句：暗用《诗·王风·黍离》诗意。诗中描写过去的宗庙宫室禾黍遍地，一片荒凉。借以哀叹故国衰亡。④右军：东晋王羲之，官至右军将军。⑤啼鴂：鸟名，即鹈鴂，又名杜鹃、伯劳、子规。

人物山水图之画舫空雷波照影 清·金农

114

殿前欢·登江山第一楼①

乔吉

拍栏杆，雾花吹鬓海风寒，浩歌惊得浮云散②。细数青山，指蓬莱一望间。纱巾岸③，鹤背骑来惯④。举头长啸，直上天坛⑤。

注释：①江山第一楼：指镇江北固山甘露寺内的多景楼，宋代著名书法家米芾赞之为"天下江山第一楼。"②浩歌：放声歌唱。③纱巾岸：把纱巾掀起露出前额，表示态度洒脱。纱巾，即头巾。岸，此指露额。④鹤背骑：骑鹤背，此指骑鹤升仙。⑤天坛：王屋山主峰有天坛，相传为黄帝祈天求雨处，唐司马祯在此修行得道。

观潮图　清·袁　江

清江引·笑靥儿[①]

乔吉

凤酥不将腮斗儿匀[②]，巧倩含娇俊[③]。红镌玉有痕，暖嵌花生晕[④]。旋窝儿粉香都是春。

注释：①笑靥儿：酒窝儿。②凤酥：凤膏，化妆品。匀：抹、擦（脂粉）。③巧倩：美好的笑靥。语出《诗·硕人》："巧笑倩兮。"④"红镌"句：形容红润面颊上的笑靥有如在红玉上刻下的痕迹。镌，雕刻。

仕女图之晓寒图　清·改　琦

116

màihuāshēng
卖花声^①·悟世
qiáo jí
乔吉

gān cháng bǎi liàn lú jiān tiě　　fù guì sān gēng zhěn
肝肠百炼炉间铁^②,富贵三更枕

shàng dié　　gōng míng liǎng zì jiǔ zhōng shé　　jiān fēng bó
上蝶^③,功名两字酒中蛇^④。尖风薄

xuě　　cán bēi lěng zhì　　yǎn qīng dēng zhú lí máo shè
雪^⑤,残杯冷炙^⑥,掩清灯竹篱茅舍。

注释：①卖花声：双调曲牌，定格句式为七七七、四四七。②"肝肠"句：形容经过种种磨难心肠变得像炉间铁一般冷漠生硬。③"富贵"句：形容荣华富贵像一场虚幻的梦境。枕上蝶，即庄周梦中化蝶的典故。④酒中蛇：杯弓蛇影。据《晋书·乐广传》载，乐广有个朋友长期没有到乐广处来，乐广问其故，说是在上次参加乐广的酒宴时看到杯中有蛇，回去就病了。乐广告诉他，那是墙上的弓影，其友才恍然大悟，病也好了。⑤尖风：刺骨的寒风。⑥残杯冷炙：剩酒和冷菜，指生活清贫、窘困。炙，烤、烹调。

山水图之茅屋云深　清·袁江

朝天子① · 小娃琵琶

乔吉

暖烘，醉容，逼匝的芳心动②。雏莺声在小帘栊③，唤醒花前梦。指甲纤柔，眉儿轻纵，和相思曲未终。玉葱，翠峰④，娇怯琵琶重⑤。

注释：①朝天子：中吕宫曲名，又名谒金门、朝天曲，句式为二二五、七五、四四五、二二五。②逼匝：犹逼迫，在狭小的范围内紧紧围住，或迫近纠缠，让人不能自主。③小帘栊：垂挂着帘子的小窗。④玉葱：形容手指白嫩纤细，犹如玉葱。翠峰：形容高耸的发髻。⑤"娇怯"句：意指娇弱的小姑娘似乎难以承受琵琶的重量，赞美她人小而技艺娴熟。

姚大梅诗意图之下马弹琴　清·任　熊

118

shān pō yáng
山坡羊·寄兴
jì xìng

qiáo jí
乔吉

péng tuán jiǔ wàn　　yāo chán shí wàn　　yáng zhōu hè
鹏抟九万①，腰缠十万，扬州鹤

bèi qí lái guàn　　shì jiàn guān　　jǐng lán shān huáng jīn
背骑来惯②。事间关③，景阑珊，黄金

bù fù yīng xióng hàn　　yí piàn shì qíng tiān dì jiān
不富英雄汉。一片世情天地间④。

bái　　yě shì yǎn　　qīng　　yě shì yǎn
白，也是眼；青，也是眼⑤。

注释：①鹏抟九万：《庄子·逍遥游》："鹏之徙于南冥也，水击三千里，抟扶摇而上者九万里。"抟，盘旋。这里比喻仕途发迹，扶摇直上。②"腰缠"二句：南朝梁殷芸《殷芸小说》载："有客相从，各言所志。或愿为扬州刺史，或愿多资财，或愿骑鹤上升。其一人曰：'腰缠十万贯，骑鹤上扬州。'欲兼三者。"二句化用上面故事。③事间关：比喻事情有曲折，不顺利。④世情：这里指世态炎凉，化用杜甫诗句："世情恶衰歇，万事随转烛。"⑤白、青眼：晋代阮籍，对他所轻视、厌恶的人用白眼相看；对他所器重、喜爱的人，则以青眼相看。

杨柳青木版年画·竹林七贤图

山坡羊·冬日写怀（一）

乔吉

朝三暮四，昨非今是，痴儿不解荣枯事①。攒家私②，宠花枝③，黄金壮起荒淫志，千百锭买张招状纸④。身，已至此；心，犹未死。

注释：①荣枯事：事物兴衰变化的道理。②攒：积攒。此指不择手段非法积累私财。③宠花枝：指贪恋喜爱女色。④锭：五两或十两金银为一锭。招状纸：指犯人供认罪行的文书。

山水图 清·王 云

131

120

<ruby>山坡羊<rt>shān pō yáng</rt></ruby>·<ruby>冬日写怀<rt>dōng rì xiě huái</rt></ruby>（<ruby>二<rt>èr</rt></ruby>）

<ruby>乔吉<rt>qiáo jí</rt></ruby>

<ruby>冬<rt>dōng</rt></ruby> <ruby>寒<rt>hán</rt></ruby> <ruby>前<rt>qián</rt></ruby> <ruby>后<rt>hòu</rt></ruby>，<ruby>雪<rt>xuě</rt></ruby> <ruby>晴<rt>qíng</rt></ruby> <ruby>时<rt>shí</rt></ruby> <ruby>候<rt>hòu</rt></ruby>，<ruby>谁<rt>shuí</rt></ruby> <ruby>人<rt>rén</rt></ruby> <ruby>相<rt>xiāng</rt></ruby> <ruby>伴<rt>bàn</rt></ruby> <ruby>梅<rt>méi</rt></ruby> <ruby>花<rt>huā</rt></ruby> <ruby>瘦<rt>shòu</rt></ruby>？<ruby>钓<rt>diào</rt></ruby> <ruby>鳌<rt>áo</rt></ruby> <ruby>舟<rt>zhōu</rt></ruby>①，<ruby>缆<rt>lǎn</rt></ruby> <ruby>汀<rt>tīng</rt></ruby> <ruby>洲<rt>zhōu</rt></ruby>②，<ruby>绿<rt>lǜ</rt></ruby> <ruby>蓑<rt>suō</rt></ruby> <ruby>不<rt>bù</rt></ruby> <ruby>耐<rt>nài</rt></ruby> <ruby>风<rt>fēng</rt></ruby> <ruby>霜<rt>shuāng</rt></ruby> <ruby>透<rt>tòu</rt></ruby>，<ruby>投<rt>tóu</rt></ruby> <ruby>至<rt>zhì</rt></ruby> <ruby>有<rt>yǒu</rt></ruby> <ruby>鱼<rt>yú</rt></ruby> <ruby>来<rt>lái</rt></ruby> <ruby>上<rt>shàng</rt></ruby> <ruby>钩<rt>gōu</rt></ruby>③。<ruby>风<rt>fēng</rt></ruby>，<ruby>吹<rt>chuī</rt></ruby> <ruby>破<rt>pò</rt></ruby> <ruby>头<rt>tóu</rt></ruby>；<ruby>霜<rt>shuāng</rt></ruby>，<ruby>皴<rt>cūn</rt></ruby> <ruby>破<rt>pò</rt></ruby> <ruby>手<rt>shǒu</rt></ruby>④。

注释：①鳌：海中的大龟或大鳖，此处泛指大鱼。后也以钓鳌比喻抱负远大或举止豪迈。②缆：此指系船。③投至：待到，等到。④皴：皮肤受冻裂开。

江天暮雪图　清·李　寅

121 小桃红·赠朱阿娇①

乔吉

郁金香染海棠丝②，云腻宫鸦翅③，翠靥眉儿画心字④。喜孜孜⑤，司空休作寻常事⑥。樽前但得⑦，身边服侍，谁敢想那些儿。

注释：①朱阿娇：当时的名妓。②郁金香：花名，香气浓郁。③云腻：比喻头发蓬松润滑。宫鸦翅：指把头发高高盘成"宫鸦翅"式的发髻。④翠靥：指拿翠、碧色的颜料描眉和点画眉心。⑤喜孜孜：心中充满喜悦。⑥"司空"句：化用刘禹锡诗"司空见惯浑闲事，断尽江南刺史肠"句意。这里是说见惯歌妓的人不要把朱阿娇当作平常妓女对待，她有着不同寻常的魅力。⑦樽前：宴席上。

听雨观花图 清·佚 名

122

xiǎo táo hóng
小桃红·春闺怨
chūn guī yuàn

qiáo jí
乔吉

yù lóu fēng zhǎn xìng huā shān　　jiāo qiè chūn hán
玉楼风飐杏花衫①，娇怯春寒
zhuàn　　jiǔ bìng shí zhāo jiǔ zhāo qiàn　　shòu yán yán　　chóu
赚②，酒病十朝九朝嵌③。瘦岩岩④，愁
nóng nán bǔ méi ér dàn　　xiāng xiāo cuì jiǎn　　yǔ hūn yān
浓难补眉儿淡。香消翠减，雨昏烟
àn　　fāng cǎo biàn jiāng nán
暗，芳草遍江南。

注释：①飐：风吹使物动。杏花衫：粉红色的衣衫。②春寒赚：被春寒所侵袭。赚，欺诳、哄骗。③酒病：饮酒沉醉如病。嵌：深陷，严重。④岩岩：瘦削之意。

春闺倦读图　清·冷枚

123 小桃红·绍兴于侯索赋①
xiǎo táo hóng　shào xīng yú hóu suǒ fù

乔吉
qiáo jí

昼长无事簿书闲②，未午衙先
散③。一郡居民二十万。报平安，秋
粮夏税咄嗟儿办④。执花纹象简⑤，凭
琴堂书案⑥，日日看青山。

注释：①于侯：就是于君之义，其人生平不详。侯，古时士大夫之间对对方的尊称，犹称"君""公"。②簿书：官府文书。③未午衙先散：是说还没有到中午官衙就不办公了，说明公事很少。衙，官署，衙门。④咄嗟儿办：指很快就办完。咄嗟，一呼一吸之间，形容时间短暂、快捷。⑤象简：官员上朝时手执的象牙板。⑥琴堂：《吕氏春秋·察贤》："宓子贱治单父，弹鸣琴，身不下堂，而单父治。"后以称颂县令，谓其公署为琴堂。

临流读书图　明·吴伟

124

^{xiǎo táo hóng}
小桃红·晓妆
^{xiǎo zhuāng}

^{qiáo jí}
乔吉

^{gàn yún fēn cuì lǒng xiāng sī} ^{yù xiàn jiè gōng}
绀云分翠拢香丝^①，玉线界宫
^{yā chì} ^{lù lěng qiáng wēi xiǎo chū shì dàn yún zhī}
鸦翅^②。露冷蔷薇晓初试，淡匀脂。
^{jīn bì nì diǎn lán yān zhǐ} ^{hán jiāo yì sī tì rén}
金篦腻点兰烟纸^③。含娇意思，殢人
^{xū shì} ^{qīn shǒu huà méi ér}
须是^④，亲手画眉儿。

注释：①**绀云**：天青色的云，比喻秀发。绀，深青色。②**玉线**：女性梳头将发辫分开的中
分线，因露出头皮呈白色故美称玉线。**界**：划分开。③**篦**：一种比梳子密的梳头用
具。**腻点**：仔细衬饰。**兰烟纸**：指薄薄的一层润发香油。④**殢人**：纠缠困扰人。**须**
是：却是。

柳下晓妆图　清·陈崇光

125

píng lán rén
凭栏人·金陵道中^①

jīn líng dào zhōng

qiáo jí
乔吉

shòu mǎ tuó shī tiān yì yá　　juàn niǎo hū chóu
瘦马驮诗天一涯^②，倦鸟呼愁

cūn shù jiā　　pū tóu fēi liǔ huā　　yǔ rén tiān bìn huá
村数家^③。扑头飞柳花^④，与人添鬓华^⑤。

注释：①金陵：今江苏南京市。②瘦马驮诗：此暗用李贺骑驴写诗的故事，指骑马浪游，诗思盈怀。驮，以牲畜负载。天一涯：天一方。③倦鸟：倦于飞行的归鸟。陶渊明《归去来兮辞》："鸟倦飞而知还。"④扑头：迎面扑上来。⑤鬓华：两鬓的白发。

柳阁风帆图　南宋·佚名

126

天净沙·即事①
tiān jìng shā jí shì

乔吉
qiáo jí

莺莺燕燕春春，花花柳柳真
yīng yīng yàn yàn chūn chūn　huā huā liǔ liǔ zhēn

真②，事事风风韵韵。娇娇嫩嫩，停
zhēn shì shì fēng fēng yùn yùn　jiāo jiāo nèn nèn tíng

停当当人人③。
tíng dàng dàng rén rén

注释：①即事：就眼前事物为题写作。②真真：借叠词巧体，暗用美女典故。唐杜荀鹤《松窗杂记》："唐进士赵颜，于画工处得一款障图，一妇人甚丽。……画工曰：'余神画也，此亦有名，曰真真……'"后以"真真"比喻美女。③停停当当：停当之叠词，妥善、美好。此谓游春的美女打扮得完美妥帖，恰到好处。《朱子语类·论语（二）》："如夫子言文质彬彬，自然停当恰好。"

桃花秋千图 清·佚名

落梅风

周文质

鸾凤配，莺燕约①，感萧娘肯怜才貌②。除琴剑又别无珍共宝③，只一片至诚心要也不要？

注释：①鸾凤配，莺燕约：以鸾凤、莺燕的匹配和相约比喻相爱的和谐。②萧娘：六朝以来泛指歌妓或所恋的女性。③琴剑：琴和剑，是古代书生行装中常备之物。唐薛能《送冯温往河外》诗句："琴剑事行装，河关出北方。"

采花图　南宋·佚名

128

luò méi fēng
落 梅 风

zhōu wén zhì
周文质

lóu tái xiǎo fēng wèi jiā dòng xīn chóu yǔ chū
楼台小，风味佳，动新愁雨初

fēng zhà zhī bù zhī duì chūn sī niàn tā yǐ lán gān
风乍①。知不知对春思念他，倚栏杆

hǎi táng huā xià
海棠花下？

注释：①雨初风乍：雨刚开始下，风忽然刮起。乍，刚刚。

玉楼春思图　南宋·佚名

129

chén zuì dōng fēng

沉醉东风·秋日湘阴道中①
qiū rì xiāng yīn dào zhōng

zhào shàn qìng
赵善庆

shān duì miàn lán duī cuì xiù　　cǎo qí yāo lǜ rǎn
山对面蓝堆翠岫②，草齐腰绿染
shā zhōu　　ào shuāng jú yòu qīng　　zhuó yǔ jiān jiā xiù
沙洲。傲霜橘柚青③，濯雨蒹葭秀④，
gé cāng bō yǐn yǐn jiāng lóu　　diǎn pò xiāo xiāng wàn qǐng
隔沧波隐隐江楼⑤。点破潇湘万顷
qiū　　shì jǐ yè ér chuán huáng bài liǔ
秋⑥，是几叶儿传黄败柳⑦。

注释：①湘阴：今湖南省湘阴县，在湘江下游，洞庭湖南岸。②蓝堆翠岫：意为在青山上又添了一层层蓝彩。蓝，可制成染料的蓼蓝。岫，峰峦。③柚：柚子，水果名。④濯雨：雨水冲洗。蒹葭：芦苇。⑤沧波：苍青色的水。此指秋水。⑥潇湘：潇水和湘水，湖南的两条大江，注入洞庭湖。⑦传黄：转黄。一说传指到处飘飞。

蒹葭书屋图　　清·禹之鼎

水仙子·次韵 (shuǐ xiān zǐ · cì yún)

张可久 (zhāng kě jiǔ)

蝇头老子五千言①，鹤背扬州十万钱②，白云两袖吟魂健③。赋庄生《秋水篇》④，布袍宽风月无边⑤。名不上琼林殿⑥，梦不到金谷园⑦，海上神仙。

注释：①蝇头：指细小如蝇头的字。老子五千言：《老子》，亦称《道德经》，道家的主要经典，约五千字。②"鹤背扬州"句：比喻幻想中的好事，既享尽人间荣华富贵，还能成仙，化用《殷芸小说》"腰缠十万贯，骑鹤上扬州"句。③白云两袖：两袖唯有白云，其他一无所有。吟魂健：指作诗的灵感勃兴，诗兴浓。④赋：此处指诵读。庄生：庄周，著有《庄子》五十三篇。《秋水篇》：《庄子》中的一篇。⑤风月无边：意谓景色无限美好。⑥琼林殿：琼林苑，在宋代汴京（今河南开封市）城西，宋代皇帝赐新科进士酒宴的宫殿。宋代乾德二年设。此句意谓不追求功名利禄。⑦金谷园：晋代官僚豪富石崇所建的亭园，在洛阳西北金谷洞，装饰极豪华富丽，此处象征富贵。

人物故事图之南华秋水　明·仇英

水仙子·山斋小集[1]

张可久

玉笙吹老碧桃花[2]，石鼎烹来紫笋芽[3]，山斋看了黄筌画[4]。荼蘼香满把[5]，自然不尚奢华。醉李白名千载，富陶朱能几家[6]？贫不了诗酒生涯。

注释：①小集：小宴。②笙：管乐器。③石鼎：石制的炊具。紫笋芽：指名贵的新茶。④黄筌：五代后蜀著名画家，擅花鸟，兼精人物、山水画。⑤荼蘼：花名，又称"佛见笑"，一种小灌木，春末夏初开黄白色花。⑥陶朱：范蠡。相传范蠡辅佐越王勾践复国灭吴后，功成身退，泛舟五湖，后来到了陶山（今山东定陶区），号朱公，以经商致富，世称陶朱公，后世常以指称富翁。

碧桃图　清·恽寿平

132

shuǐ xiān zǐ
水仙子·乐闲
lè xián

zhāng kě jiǔ
张可久

tiě yī pī xuě zǐ jīn guān　cǎi bǐ tí huā
铁衣披雪紫金关①，彩笔题花
bái yù lán　yú zhōu zhào yuè huáng lú àn　jǐ bān ér jūn
白玉栏②，渔舟棹月黄芦岸。几般儿君
shì jiǎn　lì gōng míng zhǐ bù rú xián　lǐ hàn lín shēn hé
试拣，立功名只不如闲。李翰林身何
zài　xǔ jiāng jūn xuè wèi gān　bō gāo fēng qiān gǔ yán tān
在③，许将军血未干④，播高风千古严滩⑤。

注释：①铁衣：指古代将士所穿的以铁片护身的战衣。紫金关：又名紫荆关，在河北易县西紫荆岭上，以山多紫荆树故名，为古代军事戍守重地，宋时名金坡关，金元时改名紫荆关。这里泛指边防要塞。②彩笔题花：暗用李白在长安供奉翰林时所写《清平调词三首》以咏牡丹花歌咏杨贵妃的典故。③李翰林：指李白，曾供奉翰林，后被排挤出朝廷。④许将军：指唐玄宗时的许远，安史之乱时，任睢阳太守，与真源令张巡协力守城数月，后城陷兵败，被叛军俘杀，不屈而死。⑤严滩：又名七里滩、七里濑、子陵滩，在浙江桐庐县富春江畔，是东汉严光拒绝朝廷征召隐居垂钓处。

莲塘泛艇图　南宋·佚名

133 水仙子·归兴^①

shuǐ xiān zǐ · guī xìng

张可久 zhāng kě jiǔ

淡文章不到紫薇郎^②，小根脚难
dàn wén zhāng bù dào zǐ wēi láng　xiǎo gēn jiǎo nán

登白玉堂^③，远功名却怕黄茅瘴^④。老来
dēng bái yù táng　yuǎn gōng míng què pà huáng máo zhàng　lǎo lái

也思故乡，想途中梦感魂伤。云莽莽
yě sī gù xiāng　xiǎng tú zhōng mèng gǎn hún shāng　yún mǎng mǎng

冯公岭^⑤，浪淘淘扬子江^⑥，水远山长。
féng gōng lǐng　làng táo táo yáng zǐ jiāng　shuǐ yuǎn shān cháng

注释：①归兴：思归之意兴。②淡文章：指内容浅薄，缺少文采的文章。紫薇郎：唐代中书郎的别称。此处泛指朝廷要职。③根脚：指家世、出身。元代称"家世"为根脚。白玉堂：宋以后翰林院之别称。④远功名：远地或边远地区的职位。黄茅瘴：指南方山林中秋天茅草枯黄时发生的瘴气。瘴，瘴气，南方山林中的湿热之气，古人以为能致病。⑤冯公岭：在今浙江丽水。⑥淘淘：义同"滔滔"。扬子江：长江。

仿古山水图之春游晚归　清·上　睿

134

折桂令·九日① zhé guì lìng jiǔ rì

张可久 zhāng kě jiǔ

对青山强整乌纱②。归雁横秋，
duì qīng shān qiáng zhěng wū shā　　guī yàn héng qiū

倦客思家。翠袖殷勤③，金杯错落④，
juàn kè sī jiā　　cuì xiù yīn qín　　jīn bēi cuò luò

玉手琵琶。人老去西风白发，蝶愁
yù shǒu pí pá　　rén lǎo qù xī fēng bái fà　　dié chóu

来明日黄花⑤。回首天涯，一抹斜
lái míng rì huáng huā　　huí shǒu tiān yá　　yì mǒ xié

阳，数点寒鸦⑥。
yáng　　shù diǎn hán yā

> 注释：①九日：重阳节，有登高赏菊的习俗。②乌纱：指乌纱帽，化用龙山落帽典故。晋代孟嘉在重阳聚会时，遇风吹落了他的官帽，他不顾嘲笑，应答自若。③翠袖殷勤：指歌女劝酒。④错落：此处为交错缤纷义。班固《西都赋》："隋侯明月，错落其间。"⑤明日黄花：比喻过时的事物。黄花，菊花。此句化用苏轼《九日次韵王巩》诗："相逢不用忙归去，明日黄花蝶也愁。"⑥"一抹斜阳"句：化用秦观《满庭芳》"斜阳外，寒鸦数点，流水绕孤村"句意。

琵琶仕女图　清·王礼

135 折桂令·次酸斋韵[①]

zhé guì lìng
cì suān zhāi yùn

张可久
zhāng kě jiǔ

倚栏杆不尽兴亡。数九点齐州[②]，八景湘江[③]。吊古词香[④]，招仙笛响，引兴杯长[⑤]。远树烟云渺茫，空山雪月苍凉。白鹤双双，剑客昂昂，锦语琅琅[⑥]。

注释：①次酸斋韵：依酸斋原作的韵和作。酸斋，贯云石的号。②九点齐州：语出唐李贺《梦天》诗："遥望齐州九点烟，一泓海水杯中泻。"齐州，指中国，古时中国分为九州，故称"齐州九点"。③八景湘江：潇湘八景，指山市晴岚、远浦归帆、平沙落雁、潇湘夜雨、烟寺晚钟、渔村夕照、江天暮雪、洞庭秋月。④吊古：凭吊往古事迹。⑤引兴：引发兴致。⑥锦语：指诗词佳句。琅琅：形容音韵响亮动听。

江天暮雪图　清·李 寅

136

满庭芳① · 客中九日

张可久

乾坤俯仰，贤愚醉醒，今古兴亡。剑花寒②，夜坐归心壮③，又是他乡。九日明朝酒香，一年好景橙黄④。龙山上，西风树响，吹老鬓毛霜⑤。

注释：①满庭芳：中吕宫曲牌，句式为四四四、七四、七七（或六六）、三四五。②剑花：灯芯的余烬结成剑花形状。古人认为灯芯火旺，爆成花形是吉兆。③壮：旺盛，强烈。④一年好景橙黄：化用苏轼《赠刘景文》诗："一年好景君须记，最是橙黄橘绿时。"⑤"龙山"三句：用晋桓温重阳登龙山宴客，风吹孟嘉帽落事，慨叹西风迟暮，依人作客。

橙黄橘绿图 宋·赵令穰

137

普天乐·秋怀

张可久

为谁忙，莫非命。西风驿马[1]，落月书灯。青天蜀道难[2]，红叶吴江冷[3]。两字功名频看镜[4]，不饶人白发星星[5]。钓鱼子陵[6]，思莼季鹰[7]，笑我飘零。

注释：①西风驿马：意谓奔波劳顿在瑟瑟秋风旅途中。②"青天"句：化用李白"蜀道之难难于上青天"诗句。③"红叶"句：化用唐代诗人崔信明诗句"枫落吴江冷"句意。吴江，即松江，太湖最大的支流。④"两字"句：化用杜甫诗句："勋业频看镜，行藏独倚楼。"慨叹年华老大，功业未就。⑤"不饶人"句：化用唐杜牧《送隐者一绝》中的诗句："公道世间唯白发，贵人头上不曾饶。"⑥钓鱼子陵：指拒绝朝廷征召，隐居垂钓的严光，字子陵。⑦思莼季鹰：晋代张翰，字季鹰，在洛阳做官，因见秋风起，乃思吴中菰菜、莼羹和鲈鱼脍，曰："人生贵得适志，何能羁宦数千里以要名爵乎？"遂命驾而归，后遂以"思莼""思鲈"等喻指归隐或思乡。

渔村归钓图 南宋·佚名

138

寨儿令·次韵

张可久

你见么，我愁他，青门几年不种瓜①。世味嚼蜡，尘事抟沙②，聚散树头鸦③。自休官清煞陶家④，为调羹俗了梅花⑤。饮一杯金谷酒⑥，分七碗玉川茶⑦。嗏⑧，不强如坐三日县官衙！

注释：①青门：指汉代长安城东门，因门色青故称青门。邵平曾在此处种瓜。邵平，秦朝时被封为东陵侯。秦亡入汉后，家贫，种瓜于长安城东青门。其瓜甜美，时称"青门瓜""东陵瓜""故侯瓜"，享名一时。②世味嚼蜡：意谓人世间情味如同嚼蜡，没有味道。尘事抟沙：是说世俗的人们之间的关系好比捏聚散沙，无法聚合。③聚散树头鸦：化用西汉翟公故事。翟任廷尉时，宾客盈门；罢官后，客如鸦散，门可罗雀；复职后，昔日之客又欲登门，翟公在门上大笔书写了几句话："一死一生，乃知交情；一贫一富，乃知交志；一贵一贱，交情乃见。"④陶家：以陶渊明自比。⑤"为调羹"句：梅子味酸，古人把它同盐一样作为调味品。这里是说梅花本是清雅之物，如作调羹之用，就显得俗了。比喻保持隐士的清高品性，不愿做官。⑥金谷酒：石崇常在所建的金谷园内宴请宾客，饮酒赋诗，赋诗不成，罚酒三杯。⑦分：分辨，引申为品味。七碗玉川茶：唐代诗人卢仝，号玉川子，有《走笔谢孟谏议寄新茶》诗，专咏茶，云："一碗喉吻润，两碗破孤闷。三碗搜枯肠，唯有文字五千卷。四碗发轻汗，平生不平事，尽向毛孔散。五碗肌骨轻，六碗通仙灵。七碗吃不得也，唯觉两腋习习清风生。"后因此称茶为玉川茶。⑧嗏：语气助词。

惠山茶会图 明·文徵明

139 殿前欢·次酸斋韵①

张可久

钓鱼台②，十年不上野鸥猜③。白云来往青山在，对酒开怀。欠伊、周济世才④，犯刘、阮贪杯戒⑤，还李、杜吟诗债⑥。酸斋笑我，我笑酸斋。

注释：①酸斋：贯云石。②钓鱼台：指严子陵隐居的钓台。③野鸥猜：被鸥鸟猜疑。传说海边有人很喜欢鸥鸟，鸥鸟也亲近他。但当他父亲叫他抓一只来玩时，鸥鸟看见他都不敢飞来了。④伊、周：伊尹和周公，均为宰辅名臣。后世常以伊、周指主持国政的大臣。⑤刘、阮贪杯：指刘伶、阮籍，他们都是晋代竹林七贤中的名士，以嗜酒著名。⑥李、杜：指李白和杜甫。

山居对弈图 南宋·佚名

140

殿前欢 · 次酸斋韵

diàn qián huān
cì suān zhāi yùn

张可久 *zhāng kě jiǔ*

唤归来，西湖山上野猿哀。二
huàn guī lái，xī hú shān shàng yě yuán āi。èr

十年多少风流怪①，花落花开。望云
shí nián duō shǎo fēng liú guài，huā luò huā kāi。wàng yún

霄拜将台②，袖星斗安邦策③，破烟月
xiāo bài jiàng tái，xiù xīng dǒu ān bāng cè，pò yān yuè

迷魂寨④。酸斋笑我，我笑酸斋。
mí hún zhài。suān zhāi xiào wǒ，wǒ xiào suān zhāi。

注释：①风流：指风流人物和俊杰。怪：指怪异人物。②云霄拜将台：指东汉显宗将二十
八个中兴名将图像绘于云台事。③袖：袖藏。④烟月迷魂寨：指歌楼妓院。

西湖春晓图 南宋·佚名

141

殿前欢·离思
diàn qián huān · lí sī

张可久
zhāng kě jiǔ

月笼沙①，十年心事付琵琶②。相
yuè lǒng shā　　shí nián xīn shì fù pí pá

思懒看帏屏画，人在天涯。春残豆
sī lǎn kàn wéi píng huà　rén zài tiān yá　chūn cán dòu

蔻花③，情寄鸳鸯帕④，香冷荼蘼架⑤。
kòu huā　　qíng jì yuān yāng pà　　xiāng lěng tú mí jià

旧游台榭，晓梦窗纱。
jiù yóu tái xiè　xiǎo mèng chuāng shā

注释： ①月笼沙：唐杜牧《泊秦淮》："烟笼寒水月笼沙。" ②"十年"句：化用唐白居易《琵琶行》："弦弦掩抑声声思，似诉平生不得志。低眉信手续续弹，说尽心中无限事。" ③豆蔻花：多年生草本植物，夏初开花。杜牧《赠别》："娉娉袅袅十三余，豆蔻梢头二月初。"以豆蔻形容少女。后谓十三四岁的少女为"豆蔻年华"。 ④鸳鸯帕：绣有鸳鸯的罗帕。 ⑤荼蘼：夏日开花，其时已百花凋残，虽香，但寂寞冷清。

浔阳饯别图　清·袁 江

142

殿前欢·客中

zhāng kě jiǔ
张可久

望长安①，前程渺渺鬓斑斑。南来北往随征雁，行路难。青泥小剑关②，红叶溢江岸③，白草连云栈④。功名半纸，风雪千山。

注释：①长安：古帝都，在今西安。②青泥：指青泥岭，又名泥功山，在甘肃徽县南，陕西略阳县西北，古为甘、陕入蜀要道。悬崖万丈，上多云雨，泥泞路滑。李白《蜀道难》："青泥何盘盘，百步九折萦岩峦。"剑关：今四川剑阁县东北的剑门关，形势险要。李白《蜀道难》："剑阁峥嵘而崔嵬，一夫当关，万夫莫开。"③红叶：深秋的枫叶。溢江：在江西，经九江溢浦口入长江。④白草：我国西北地区的一种草名，长熟时为白色。唐诗人岑参有"北风吹沙卷白草""北风卷地白草折"等诗句。连云栈：栈道名，极高峻险恶的栈道，在陕西汉中地区，长四百七十里，在悬崖边架木而成，为古代川陕之间的通道。

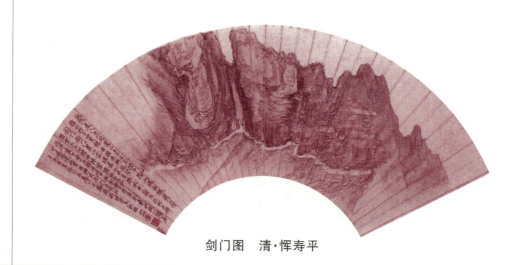

剑门图　清·恽寿平

清江引·春思

143

张可久

黄莺乱啼门外柳①，雨细清明后②。能消几日春③，又是相思瘦。梨花小窗人病酒④。

注释：①门外柳：古人每以折柳指代友人或情人送别。此处暗寓见柳伤别意。②雨细清明：化用杜牧《清明》："清明时节雨纷纷，路上行人欲断魂。""行人"指出门在外的人。③能消：能禁受，能经得住。此句化用宋辛弃疾《摸鱼儿》词："更能消几番风雨，匆匆春又归去。"④病酒：醉酒如病。

深堂琴趣图 南宋·佚名

144

清江引·春晚
qīng jiāng yǐn · chūn wǎn

zhāng kě jiǔ
张可久

píng ān xìn lái gāng bàn zhǐ　　　　jǐ duì yuān yāng
平安信来刚半纸①，几对鸳鸯

zì　　huā kāi wàng yuǎn xíng　　yù jiǎn shāng chūn shì　　dōng
字②。花开望远行③，玉减伤春事④。东

fēng cǎo táng fēi yàn zǐ
风草堂飞燕子⑤。

注释：①平安信：报平安的书信，通常指家信。刚：只有。②鸳鸯字：指相思爱恋的文辞。③远行：指出门远行在外的人。④玉减：指美人玉容消瘦。⑤草堂：古时文人谦称自己的住所为"草堂"。

小青小影图 清·顾洛

145

小桃红·寄鉴湖诸友^①

xiǎo táo hóng
jì jiàn hú zhū yǒu
zhāng kě jiǔ

张可久

一城秋雨豆花凉^②，闲倚平山望^③。不似年时鉴湖上^④，锦云香^⑤，采莲人语荷花荡。西风雁行，清溪渔唱，吹恨入沧浪^⑥。

注释：①鉴湖：又称镜湖、长湖、庆湖，在浙江绍兴市西南，旧时又作绍兴别称。②秋雨豆花凉：古时以农历八月雨为豆花雨。③平山：指江苏扬州市西北蜀岗法寺内的平山堂，为宋庆历八年郡守欧阳修所建，因登堂可以望见江南诸山，故名。④年时：指昔时，从前。⑤锦云：美丽的彩云，这里比喻荷花。⑥吹：传。恨：遗憾。沧浪：水色青苍的样子。此句暗寓遗憾不能像渔父一样悠然避世，归隐江湖之意。

清溪风帆图　宋·佚名

157

146

朝天子·山中杂书

张可久

醉余，草书，李愿盘谷序①。青山一片范宽图②，怪我来何暮。鹤骨清癯③，蜗壳蘧庐④，得安闲心自足。蹇驴⑤，酒壶，风雪梅花路。

注释：①李愿盘谷序：指唐代韩愈所作《送李愿归盘谷序》，序中赞美盘谷"泉甘而土肥"，是宜于隐居的好地方。②范宽图：范宽的山水图。范宽，字中立，北宋著名画家，其画模山范水，描绘逼真。③鹤骨：形容体骨清瘦。清癯：清瘦。唐齐已《戊辰岁汀中寄郑谷郎中》："瘦应成鹤骨，闲想似禅心。"④蜗壳：比喻狭小如蜗牛壳的圆形小屋。三国时焦先和杨沛作圆舍，形如蜗牛壳，称为蜗庐。蘧庐：旅馆、客舍。《庄子·天运》："先王之蘧庐也。"成玄英疏：蘧庐，客舍。⑤蹇驴：瘦弱的驴。

骑驴图　明·张 路

147

朝天子·湖上

hú shàng

zhāng kě jiǔ
张可久

yǐng bēi, yù pēi, mèng lěng lú huā bèi fēng
瘿杯①，玉醅②，梦冷芦花被③。风

qīng yuè bái zǒng xiāng yí, lè zài qí zhōng yǐ shòu guò yán
清月白总相宜，乐在其中矣！寿过颜

huí, bǎo sì bó yí, xián rú yuè fàn lǐ wèn
回④，饱似伯夷⑤，闲如越范蠡⑥。问

shuí, shì fēi? qiě xiàng xī hú zuì
谁，是非？且向西湖醉。

注释：①瘿杯：用楠木根制成的杯子。②玉醅：美酒。醅，未过滤的酒。③芦花被：用芦絮当芯的被子，不能保暖，形容生活清贫。④颜回：字子渊，春秋时鲁国人，孔子的学生，安贫乐道，被尊为"复圣"，三十二岁即逝去。⑤伯夷：商末孤竹君之子，与弟叔齐投奔到周后，反对周武王讨伐商朝。武王灭商后，二人又逃到首阳山，不食周粟，采薇而食，后饿死。⑥范蠡：越国大夫，辅佐越王勾践复国灭吴后，功成身退。

西湖纪胜图之大佛寺　明·孙 枝

148

朝天子·闺情

张可久

与谁，画眉^①，猜破风流谜。铜驼巷里玉骢嘶^②，夜半归来醉。小意收拾^③，怪胆禁持^④，不识羞谁似你。自知理亏，灯下和衣睡。

注释：①**画眉**：化用汉代张敞为妻画眉典故。《汉书·张敞传》："又为妇画眉，长安中传张京兆眉怃。"后用以表示夫妻恩爱。②**铜驼巷**：为汉代洛阳的一条街巷，是少年贵族子弟经常游玩的地方。晋陆机《洛阳记》："洛阳有铜驼街……俗语曰：金马门外集众贤，铜驼陌上集少年。"**玉骢**：骏马。③**小意收拾**：小心、细心服侍。④**怪胆**：悖情乖意。**禁持**：摆布、纠缠、折磨。此句指男子借着酒意放胆纠缠。

张敞画眉　清·范雪仪

红绣鞋·春日湖上

149

张可久

绿树当门酒肆[1]，红妆映水鬟儿[2]。眼底殷勤座间诗[3]。尘埃三五字[4]，杨柳万千丝[5]，记年时曾到此[6]。

注释：①酒肆：酒店。②鬟儿：古时少女的一种发型，在耳上梳成两个环形发髻。③眼底殷勤：眼角边流露出殷勤、恳切、深厚之情意。④"尘埃"句：是说过去在座间相聚所题之诗已为尘埃所封。⑤杨柳万千丝：以杨柳的千万缕丝比喻思念之深。丝，谐音"思"。⑥年时：当年，从前。

草堂客话图 南宋·何筌

150

红绣鞋·湖上

hóng xiù xié
hú shàng

zhāng kě jiǔ
张可久

wú shì wú fēi xīn shì　bù hán bù nuǎn huā shí
无是无非心事，不寒不暖花时，

zhuāng diǎn xī hú sì xī shī　kòng qīng sī yù miàn mǎ
妆点西湖似西施，控青丝玉面马①，

gē 《jīn lǚ》 fěn tuán ér　xìn rén shēng xíng lè ěr
歌《金缕》粉团儿②，信人生行乐耳③！

注释：①控：驾驶。青丝：指青丝做的缰绳。玉面马：玉花骢，为唐玄宗所拥有的名马。这里借指名马。②《金缕》：曲调名，又名金缕衣、金缕曲，亦名贺新郎。粉团儿：指浓妆艳抹的歌妓。③信：的确、确实。此化用汉杨恽《报孙会宗书》："人生行乐耳，须富贵何时！"

西湖纪胜图之太虚楼　明·孙 枝

151 红绣鞋·天台瀑布寺①

张可久

绝顶峰攒雪剑②,悬崖水挂冰帘,倚树哀猿弄云尖③。血华啼杜宇④,阴洞吼飞廉⑤。比人心山未险。

注释: ①天台:指天台山,在浙江天台县北。山有石梁瀑布,附近有方广寺。②绝顶:最高的山峰。攒:凑集、汇聚。雪剑:形容山峰高峻终年积雪有如寒光闪闪的宝剑。③弄云尖:指猿声响彻高空。弄,啼叫。④"血华"句:用杜鹃啼血典故。相传古蜀国君王望帝杜宇的魂魄化为杜鹃鸟,鸣声凄厉,啼出的血变成了鲜红的杜鹃花。华,即"花"。⑤飞廉:传说中的风神,又称风伯。此处指阴风。

山寺秋峦图 清·髡残

152

chén zuì dōng fēng · qiū yè lǚ sì

沉醉东风·秋夜旅思

zhāng kě jiǔ

张可久

èr shí wǔ diǎn qiū gēng gǔ shēng qiān sān bǎi

二十五点秋更鼓声①，千三百

lǐ shuǐ guǎn yóu chéng qīng shān qù lù cháng hóng shù xī

里水馆邮程②。青山去路长，红树西

fēng lěng bǎi nián rén bàn zhǐ xū míng dé sì qú yuán

风冷。百年人半纸虚名③。得似璩源

gé shàng sēng wǔ shuì zú méi chuāng rì yǐng

阁上僧，午睡足梅窗日影④。

注释：①**二十五点秋更鼓声：**古时夜间以击鼓报时，每夜五更。每更分为五点，故一夜须报更二十五点。这里是写彻夜未眠，故听到二十五点报更声。②**水馆：**船上房舍。**邮：**本指传递文件书信的驿站，转义为传递信件。③**百年人：**人的一生。④**“得似”二句：**以自己的奔波辛劳与僧人的恬淡安乐作比，不胜感慨。得似，哪像。璩源阁，即璩源寺，在浙江江山市东南六十里。

青山红树图 明·项圣谟

(153)

天净沙·鲁卿庵中①

张可久

青苔古木萧萧②，苍云秋水迢迢③，红叶山斋小小。有谁曾到？探梅人过溪桥④。

注释：①鲁卿：是作者隐居山林的友人。②萧萧：形容冷清幽静。③迢迢：高、远貌。唐杜牧有《寄扬州韩绰判官》："青山隐隐水迢迢。"④探梅人：指作者自己。梅，比喻高士。

溪桥策杖图　清·髡残

154 庆东原·次马致远先辈韵① 张可久

诗情放，剑气豪，英雄不把穷通较②。江中斩蛟③，云间射雕④，席上挥毫⑤。他得志笑闲人⑥，他失脚闲人笑⑦。

注释：①先辈：已故的前辈。②穷通：指人生际遇的困厄与显达。较：计较。③江中斩蛟：晋周处曾入水斩蛟，为民除害。④云间射雕：北齐斛律光在随世宗狩猎时，曾射落大雕，被赞为云中射雕手。⑤席上挥毫：指酒席上即兴创作，才思敏捷。⑥闲人：食客，即所谓帮闲者。⑦失脚：此指失意、蹉跎。

春夜宴桃李园图　清·黄　慎

155

醉太平^①·无题

zuì tài píng

wú tí

张可久

人皆嫌命窨^②，谁不见钱亲。水晶环入麦糊盆，才沾粘便滚^③。文章糊了盛钱囤^④，门庭改做迷魂阵^⑤，清廉贬入睡馄饨^⑥。胡芦提倒稳^⑦！

注释：①醉太平：正宫调曲牌，又名《凌波曲》，句式为四四七四、七七七四。②命窨：命运窘迫，穷困。③"水晶环"二句：大意是圆滑得像水晶丸一般，才粘着面糊盆的边缘就滚了进去。水晶环即水晶球，圆滑透亮，比喻狡猾世故的伪君子。麦糊盆，比喻污浊的官场环境。水晶环滚进面糊盆意谓圆滑的伪君子很快就和污浊环境合成一气。④"文章"句：意谓读书写文章也成了升官发财的手段。囤，用苇篾编织成的盛粮食的器具，这里指盛钱的器具。⑤门庭：本指门前空地，这里泛指宅院。迷魂阵：指歌楼妓馆。这里泛指坑害人的场所。⑥"清廉"句：意谓清廉的人被贬为昏聩糊涂的人。睡馄饨，比喻糊涂透顶的人。⑦"胡芦提"句：意思是糊里糊涂倒安稳。胡芦提，犹言稀里糊涂，也作"葫芦提""葫芦蹄"。

琴士图 明·唐寅

156

迎仙客① · 括山道中②
yíng xiān kè · kuò shān dào zhōng

张可久
zhāng kě jiǔ

云冉冉，草纤纤，谁家隐居山半崦③。水烟寒，溪路险。半幅青帘④，五里桃花店。

> yún rǎn rǎn，cǎo xiān xiān，shuí jiā yǐn jū shān bàn yān。shuǐ yān hán，xī lù xiǎn。bàn fú qīng lián，wǔ lǐ táo huā diàn。

注释：①迎仙客：中吕宫曲牌，句式为三三七、三三、四五。②括山：括苍山，在浙江省东南部。③崦：山坳，隐蔽偏僻的地方。④青帘：古时酒店挂的幌子。

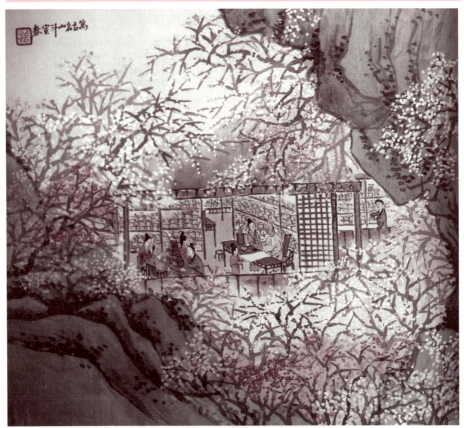

万古名山斗室春图　清·任　熊

157

凭栏人 (píng lán rén) · 暮春即事 (mù chūn jí shì)

张可久 (zhāng kě jiǔ)

小玉栏杆月半掐①，嫩绿池塘春
几家。鸟啼芳树丫，燕衔黄柳花。

注释：①月半掐：形容农历月初或月尾的一弯眉月。掐，用拇指与别的指尖对握成圆圈形为一掐。半掐，半圆。

春雪起蛰龙图 清·袁江

158

píng lán rén jiāng yè
凭栏人·江夜

zhāng kě jiǔ
张可久

jiāng shuǐ chéng chéng jiāng yuè míng, jiāng shàng hé rén chōu
江水澄澄江月明，江上何人搊

yù zhēng gé jiāng hé lèi tīng, mǎn jiāng cháng tàn shēng.
玉筝①？隔江和泪听②，满江长叹声。

注释：①搊：弹奏。玉筝：一种弦拨乐器。以玉名筝，是对古筝的美称。②和泪：含泪。

烟江晚眺图 明·朱端

落梅风·春晓

luò méi fēng
chūn xiǎo

zhāng kě jiǔ
张可久

东风景，西子湖①。湿冥冥柳烟花雾②，黄莺乱啼蝴蝶舞。几秋千打将春去③！

dōng fēng jǐng xī zǐ hú shī míng míng liǔ yān
huā wù huáng yīng luàn tí hú dié wǔ jǐ qiū qiān dǎ
jiāng chūn qù

注释：①西子湖：杭州西湖。因苏轼诗句："欲把西湖比西子，淡妆浓抹总相宜"，得名"西子湖"。②湿冥冥：很潮湿，形容湿气很浓的样子。③"几秋千"句：荡秋千的少女才荡了几下秋千，就把春天打发走了。形容春天去得快。将，语气助词。

扬州四景图册之春台明月　清·袁　耀

160

一半儿·秋日宫词
yí bàn ér · qiū rì gōng cí

张可久
zhāng kě jiǔ

花边娇月静妆楼，叶底沧波冷
huā biān jiāo yuè jìng zhuāng lóu   yè dǐ cāng bō lěng

翠沟，池上好风闲御舟①。可怜秋②，
cuì gōu   chí shàng hǎo fēng xián yù zhōu   kě lián qiū

一半儿芙蓉一半儿柳。
yí bàn ér fú róng yí bàn ér liǔ

注释：①御舟：皇帝乘坐的舟船。②可怜：可爱。

杨柳溪塘图 南宋·佚名

梧叶儿① · 感旧

张可久

肘后黄金印②，樽前白玉卮③，跃马少年时。巧手穿杨叶④，新声付柳枝⑤，信笔和梅诗⑥。谁换却何郎鬓丝⑦？

注释： ①梧叶儿：商调曲牌，又名《碧梧秋》《知秋令》。②肘后黄金印：比喻官位显赫。典出《晋书·周颛传》："今年杀诸贼奴，取金印如斗大系肘。"故又作"斗大黄金印"。③卮：古代一种大的盛酒器，容量四升。④穿杨叶：百步穿杨，在百步之外射穿选定的某一片叶子。传说古代楚国射手养由基就能百步穿杨。⑤柳枝：《杨柳枝》，曲谱名。⑥信笔：随意挥毫。⑦何郎：三国魏驸马何晏仪容俊美，平日喜修饰，粉白不去手，行走顾影，人称"傅粉何郎"。后即以"何郎"称喜欢修饰或面目俊美的青年男子。一说指南朝梁著名诗人何逊。

竹梧消夏图　明·仇英

162

小梁州·失题①

张可久

篷窗风急雨丝丝②，闷捻吟髭③。淮阳西望路何之④？无一个鳞鸿至⑤。把酒问篙师⑥，迎头便说兵戈事。风流再莫追思。塌了酒楼，焚了茶肆。柳营花市⑦，更呼甚燕子莺儿⑧！

注释：①小梁州：正宫曲牌，分上、下片，在散曲中较少见。句式：上片七四、七三四，下片七六、三三、四五。失题：古诗词曲中的"失题""无题"，多是不便言明真意，故隐其题。②篷窗：小船篷上的窗户。③闷捻吟髭：因为愁闷难遣，而捻着胡须思索吟诗。吟髭，诗人的胡须。唐卢延让形容苦吟，有"吟安一个字，捻断数茎须"之句，故称吟髭。④路何之：路程怎么走。之，动词，往、去。⑤鳞鸿：鱼雁，指代书信。这里指消息。⑥篙师：船夫。⑦柳营花市：犹言柳巷花街，指妓女居处，亦作柳营花阵。⑧燕子莺儿：比喻妓女。

壑舟图 明·沈 周

金字经·感兴
jīn zì jīng · gǎn xìng

张可久
zhāng kě jiǔ

野唱敲牛角^①，大功悬虎头^②，一剑能成万户侯。愁，黄沙白骷髅。成名后，五湖寻钓舟^③。

注释：①**野唱敲牛角**：典出《艺文类聚》：春秋时，宁戚贫贱无以自达，一次齐桓公夜出迎客。宁戚正在牛车下喂牛，他敲打牛角悲伤地唱歌，齐桓公听到后，提拔他担任相国。②**虎头**：虎头金牌，皇帝授予武官方便行事的令牌，比喻大权在握。③**五湖寻钓舟**：指范蠡功成身退，五湖垂钓，比喻退隐。

松溪放艇图 南宋·佚名

164 金字经·乐闲

张可久

百年浑似醉①，满怀都是春，高卧东山一片云②。嗔③，是非拂面尘。消磨尽，古今无限人④。

注释：①百年：指人的一生。浑：全、皆。②高卧东山：东晋孝武帝时宰相谢安早年隐居东山，朝廷屡诏不仕，时人因言："安石不出，将如苍生何！"后即以"高卧东山"比喻隐居或隐士行径。一片云：南朝梁陶弘景隐居茅山不出，有诗答皇帝诏问云："山中何所有？岭上多白云。只可自怡悦，不堪持赠君。"这里借喻隐居的环境。③嗔：恼怒、怪怨。④"是非"三句：慨叹世俗的是非红尘困扰，消磨了古往今来的无数人。

薇省黄昏图 南宋·赵大亨

塞鸿秋·春情

张可久

疏星淡月秋千院，愁云恨雨芙蓉面。伤情燕足留红线①，恼人鸾影闲团扇②。兽炉沉水烟③，翠沼残花片④。一行写入相思传⑤。

注释：①芙蓉面：形容女子美丽的容颜。燕足留红线：典出《丽情集·燕女坟》：宋末，姚玉京嫁后夫亡，玉京守志奉养公婆。一日，一只燕子悲鸣飞至玉京臂上，玉京以线系燕足，对它说：新春一定要来给我做伴。次年，孤燕果然飞来。自此秋去春来，前后六七年。后玉京病逝，孤燕再来，至玉京坟头，悲鸣死去。后以"燕足红线"比喻失偶的悲哀。②鸾影：据刘敬叔《异苑》载：罽宾国王买到一只鸾鸟，三年不鸣。后听夫人说鸾鸟见到同类则鸣，就用镜照它。鸾鸟见到镜中的影子，悲鸣冲霄，一奋而绝。又，古人常于团扇上画秦穆公女弄玉乘鸾仙去的故事。这里综合孤鸾与团扇二者，写女子独处春闺的离别相思之苦。③兽炉：兽形的香炉。沉水烟：沉水香，俗名沉香，一种名贵香料，供燃焚。④沼：池塘。⑤一行：当即。

四季仕女图之春景　明·仇　英

166

庆宣和① · 毛氏池亭
qìng xuān hé · máo shì chí tíng

张可久
zhāng kě jiǔ

云影天光乍有无②，老树扶疏③。
yún yǐng tiān guāng zhà yǒu wú　lǎo shù fú shū

万柄高荷小西湖。听雨，听雨。
wàn bǐng gāo hé xiǎo xī hú　tīng yǔ　tīng yǔ

注释：①庆宣和：双调曲牌，句式为七四、七二二。②天光：日光。宋朱熹《观书有感》有诗句："半亩方塘一鉴开，天光云影共徘徊。"乍有无：时有时无，时隐时现。③扶疏：枝叶繁茂的样子。

水阁泉声图　南宋·佚　名

167

卖花声① · 怀古

张可久

美人自刎乌江岸②，战火曾烧赤壁山③，将军空老玉门关④。伤心秦汉，生民涂炭⑤，读书人一声长叹！

注释：①**卖花声**：中宫曲牌，句式为七七七、四四七。②**"美人"句**：美人，指虞姬，是项羽的宠姬。乌江，在今安徽和县东。据《史记·项羽本纪》载，项羽在垓下（今安徽灵璧东南）被汉军围困，夜里在帐中悲歌痛饮，与美人虞姬诀别，然后乘夜突出重围，在乌江又被汉军追及，自刎而死。此言"美人自刎"，是活用典故。③**赤壁山**：在今湖北蒲圻县乌林对岸。东汉建安十三年，孙权与刘备联军在此以火攻大败曹军。④**将军**：指东汉名将班超。据《后汉书·班超传》：班超长期驻守边境，年老思归，上疏说："臣不敢望到酒泉郡，但愿生入玉门关。"玉门关，汉武帝时设置，故址在今甘肃敦煌西北小方城。⑤**生民涂炭**：指人民生活在水深火热中。生民，即百姓，人民。涂炭，泥沼和炭火，比喻极困苦的境遇。

松风楼观图 南宋·佚名

168

mài huā shēng
卖花声·客况
kè kuàng

zhāng kě jiǔ
张可久

shí nián luò tuò jiāng bīn kè　　jǐ dù léi hōng
十年落魄江滨客①，几度雷轰

jiàn fú bēi　　nán ér wèi yù àn shāng huái　　yì huái yīn
荐福碑②，男儿未遇暗伤怀③。忆淮阴

nián shào　　miè chǔ wéi shuài　　qì áng áng hàn tán sān bài
年少，灭楚为帅，气昂昂汉坛三拜④。

注释：①落魄：穷困失意。②雷轰荐福碑：据传范仲淹守鄱阳（今属江西）时，穷书生张镐来投，当时荐福寺有唐代书法家欧阳询所写的荐福寺碑文，其拓印本价值千钱。范仲淹拟拓印千本相赠，作张镐赴京赶考的盘缠。不料一夜之间，碑为雷击碎。后人常借这个故事比喻命运不佳。③未遇：未受赏识，未得志。④"忆淮阴年少"三句：据《史记·淮阴侯列传》：韩信少年时家贫，曾到处寄食，受过胯下之辱。后因萧何力荐，被刘邦拜为大将，辅佐刘邦灭楚兴汉。

雪江归棹图　南宋·佚名

汉东山① ·述感
张可久

红妆间翠娥，罗绮列笙歌②，重重金玉多。受用也末哥③！二鬼无常上门呵④，怎地躲？索共他⑤，见阎罗。

荷塘按乐图 南宋·佚名

170

折桂令·春情
zhé guì lìng · chūn qíng

徐再思
xú zài sī

平生不会相思，才会相思，便
害相思。身似浮云，心如飞絮，气若
游丝①。空一缕余香在此②，盼千金游
子何之③。症候来时④，正是何时？灯
半昏时，月半明时。

注释：①气若游丝：气息微弱像空中飘浮的蛛丝。②余香：指情人留下的定情物。③何之：到哪里去。之，往。④症候：疾病，这里指相思的痛苦。

春水照影图　清·任　预

殿前欢·观音山眠松①

徐再思

老苍龙②，避乖高卧此山中③。岁寒心不肯为梁栋④，翠蜿蜒俯仰相从⑤。秦皇旧日封⑥，靖节何年种⑦，丁固当时梦⑧。半溪明月，一枕清风。

注释：①观音山：似指今南京观音门外的观音山。眠松：倒卧横生的松树。②老苍龙：比喻卧松，树皮如龙鳞。③避乖：与世乖离，避离世乱。④岁寒心：松柏岁寒常青不凋。《论语·子罕》："岁寒，然后知松柏之后凋也。"后比喻在困苦境遇中能保持节操。此句意谓宁愿高卧山中，保持清高的节操，不愿去做世间的栋梁之材。⑤翠蜿蜒：指缠绕在松树上的青藤翠蔓。⑥秦皇旧日封：秦始皇于二十八年登泰山，因风雨暴至，在松下避风雨，就封其树为五大夫。⑦靖节：指陶渊明，其《归去来兮辞》有诗句："三径就荒，松菊犹存。"⑧丁固：三国吴人，任尚书时曾梦到松树生其腹上，对人说他将会位至三公，后果封大司徒。

归去来兮辞之农人告余以春及图　明·马　轼

172

水仙子·夜雨
shuǐ xiān zǐ · yè yǔ

徐再思
xú zài sī

一声梧叶一声秋①，一点芭蕉一点愁②，三更归梦三更后。落灯花棋未收③，叹新丰孤馆人留④。枕上十年事⑤，江南二老忧⑥，都到心头。

注释：①"一声"句：化用唐温庭筠《更漏子》词："梧桐树，三更雨，不道离情正苦。一叶叶，一声声，空阶滴到明。"②"一点"句：化用李商隐《代赠》"芭蕉不展丁香结，同向春风各自愁"和李煜《长相思》"秋风多，夜雨和，帘外芭蕉三两窠，夜长人奈何"二首诗词意境。③"落灯花"句：化用宋代赵师秀《有约》"有约不来过夜半，闲敲棋子落灯花"诗句意。④"叹新丰"句：化用唐马周困新丰典故。据《新唐书·马周传》：唐初中书令马周在贫贱时，曾住在新丰（今陕西临潼东北）的旅舍，店主人不理睬他，备受冷落。⑤"枕上"句：化用黄庭坚《虞美人·宜州见梅作》"平生个里愿深怀，去国十年老尽少年心"词意。⑥江南二老：指在江南家乡的父母双亲。因作者家在江南，故云。

闲敲棋子图　清·禹之鼎

173 水仙子·红指甲

徐再思

落花飞上笋牙尖①，宫叶犹将冰箸粘②，抵牙关越显得樱唇艳③。怕伤春不卷帘，捧菱花香印妆奁④。雪藕丝霞十缕⑤，镂枣斑血半点⑥，掐刘郎春在纤纤⑦。

注释：①笋牙尖：竹笋尖芽，比喻女性娇嫩尖细的手指甲。②宫叶：宫中红叶，比喻红指甲。冰箸：冰柱，冬天屋檐间雪水凝成的冰柱，比喻女子洁白的手指。③抵牙关：以手托腮。④菱花：指镜子。古代铜镜背面通常刻有菱花纹饰，故称。妆奁：古代妇女梳妆用的镜匣，亦称嫁妆。⑤雪藕丝：形容女子白嫩细长的手指。霞：形容红指甲。⑥镂枣斑：精雕而成的枣红色斑纹，形容红指甲。⑦掐：用手握，或用指甲按。刘郎：借指情郎。

妆靓仕女图 宋·苏汉臣

174

水仙子·马嵬坡^①

shuǐ xiān zǐ　　mǎ wéi pō

徐再思 xú zài sī

翠华香冷梦初醒^②，黄壤春深草自青。羽林兵拱听将军令^③，拥鸾舆蜀道行^④。妾虽亡天子还京。昭阳殿梨花月色^⑤，建章宫梧桐雨声^⑥，马嵬坡尘土虚名。

注释：①马嵬坡：安史之乱时，唐玄宗李隆基仓皇出逃，护驾御林军在马嵬坡兵谏，杨玉环被迫自缢。②翠华：用翠羽装饰的旌旗，为皇帝仪仗，代指皇帝车驾。③羽林兵：皇帝禁卫军。拱听：拱手听命。将军：指陈玄礼。玄宗西逃到马嵬坡时，他要求处死杨氏兄妹。④鸾舆：皇帝乘坐的车。⑤昭阳殿：汉成帝所建的皇宫，此借指杨贵妃居处。⑥建章宫：汉代宫名，位于未央宫西，也借指杨贵妃居处。

出浴图　清·王 素

清江引·相思
徐再思

相思有如少债的①，每日相催逼。常挑着一担愁，准不了三分利②。这本钱见他时才算得。

注释：①少债：欠债。②准不了：抵不得，还不到。三分利：月息三分，指利息高。

瑶台步月图　南宋·佚　名

176

凭栏人·春情
píng lán rén *chūn qíng*

徐再思
xú zài sī

髻拥春云松玉钗，眉淡秋山
jì yōng chūn yún sōng yù chāi méi dàn qiū shān

羞镜台①。海棠开未开？粉郎来未来②？
xiū jìng tái hǎi táng kāi wèi kāi fěn láng lái wèi lái

注释：①春云：比喻秀美的头发。秋山：比喻未经描画而颜色浅淡的眉毛。羞镜台：害怕对着梳妆镜。②粉郎：三国魏时何晏美姿容，貌美面白，如同敷粉。后常以"傅粉何郎"代称美男子，这里指情郎。

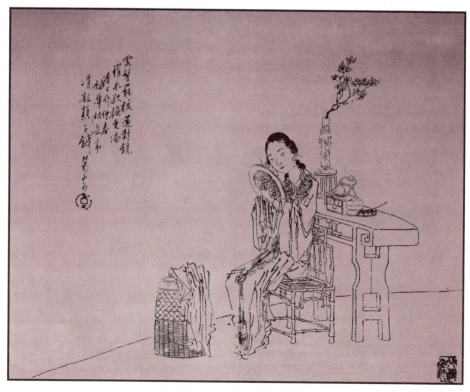

云髻罢梳还对镜图　清·钱吉生

阳春曲·赠海棠^①

徐再思

玉环梦断风流事，银烛歌成富贵词^②，东风一树玉胭脂^③。双燕子，曾见正开时。

注释： ①海棠：比喻美女杨玉环。据《太真外传》，杨玉环在酒醉未醒时被搀扶着来见唐玄宗，玄宗笑着说："岂是妃子醉，真海棠睡未足耳。"后常以海棠、杨妃互喻，亦喻美人。②富贵词：指描写海棠的诗篇。海棠国色天香，与牡丹同有"富贵花"之称。③东风：春风。玉胭脂：比喻海棠花开放最盛时光泽如玉，红艳美丽。

千秋绝艳图之杨玉环　明·佚名

178

朝天子·西湖

徐再思

里湖，外湖①，无处是无春处。真山真水真画图，一片玲珑玉②。宜酒宜诗，宜晴宜雨，销金锅锦绣窟③。老苏④，老逋⑤，杨柳堤梅花墓⑥。

注释：①里湖、外湖：杭州西湖以苏堤为界，分为里湖、外湖。西为里湖，东为外湖。②一片玲珑玉：形容山水清秀空明。③销金锅：周密《武林旧事·西湖游幸》："西湖天下景，朝昏晴雨，四序总宜，杭人亦无时而不游……日糜金钱，靡有既极，故杭谚有销金锅儿之号。"销金锅，比喻挥金如土，用钱如沙，像销金的锅子一样。锦绣窟：言西湖是富贵风流的所在。④老苏：指宋代文学家苏轼，他曾先后两次在杭州任地方官，在他第二次到杭州任知州时，曾主持疏浚西湖，灌溉良田千余顷。并利用湖中的淤泥筑堤，人称"苏堤"。⑤老逋：北宋诗人林逋，号"和靖先生"，终身不仕，隐居西湖孤山，植梅养鹤，也不婚娶，旧时称其"梅妻鹤子"。⑥杨柳堤：指苏堤，与"老苏"相应。梅花墓：又称"和靖墓"，即林逋墓葬处。

梅鹤图 清·华嵒

梧叶儿·钓台

wú yè ér
diào tái ①

xú zài sī
徐再思

龙虎昭阳殿②，冰霜函谷关③，风月富春山④。不受千钟禄⑤，重归七里滩，赢得一身闲。高似他云台将坛⑥。

lóng hǔ zhāo yáng diàn　bīng shuāng hán gǔ guān
fēng yuè fù chūn shān　bù shòu qiān zhōng lù　chóng guī
qī lǐ tān　yíng dé yì shēn xián　gāo sì tā yún tái
jiàng tán

注释：①钓台：指东汉严子陵垂钓处。②龙虎昭阳殿：意谓朝廷、皇宫是龙潭虎穴般的险恶之地，故称。昭阳殿喻皇后所居宫院。③函谷关：秦之东关，在今河南灵宝市南，深险如函，为军事要塞，故名。④富春山：为严子陵拒诏隐居地。七里滩为其垂钓的地方。⑤千钟禄：比喻高官厚禄。钟，古代容量单位，一钟为六斛四斗。⑥云台将坛：天台，在东汉洛阳南宫，是表彰功臣名将的所在，与西汉麒麟阁相似。东汉朝廷曾将中兴功臣二十八名将领图像绘置其上。

桐荫玩月图　南宋·佚名

180

梧叶儿·革步①

徐再思

山色投西去②，羁情望北游③，湍
水向东流④。鸡犬三家店，陂塘五月
秋⑤，风雨一帆舟。聚车马关津渡口⑥。

注释：①革步：渡口名。步，通埠。水边停船之处。一说革步为改变行程、路线意。
②投：朝、向。③羁情：羁旅之情。④湍：急流、湍急。⑤陂塘：池塘。⑥关津：
水陆交通要道。

层楼春眺图　南宋·佚名

181 梧叶儿·春思

徐再思

芳草思南浦①,行云梦楚阳②,流水恨潇湘③。花底春莺燕,钗头金凤凰,被面绣鸳鸯:是几等儿眠思梦想!

注释:①思南浦:指春来思念亲人,化用南朝梁江淹《别赋》:"春草碧色,春水绿波。送君南浦,伤如之何"诗意。南浦,南面的水边,后泛指送别之地。②行云梦楚阳:化用宋玉《高唐赋序》"旦为行云,暮为行雨,朝朝暮暮,阳台之下"诗句意。③流水恨潇湘:化用李白《远离别》"远别离,古有皇英之二女,乃在洞庭之南,潇湘之浦。海南直下万里深,谁人不言此离苦"诗意。二女指舜之二妃娥皇、女英,追舜,为湘江所阻,恸哭而死。

团扇桃根可怜曲图　清·任　熊

182

梧叶儿·春思 (wú yè ér · chūn sī)

徐再思 (xú zài sī)

鸦鬓春云軃①，象梳秋月敧②，鸾镜晓妆迟。香渍青螺黛③，盒开红水犀④，钗点紫玻璃⑤。只等待风流画眉⑥。

注释：①軃：下垂。②象梳：象牙梳子，插在头上做装饰。敧：歪斜。③青螺黛：古代女子画眉的颜料。④红水犀：指用水犀皮制成的红色首饰盒。⑤紫玻璃：指紫色的水晶。⑥风流画眉：化用张敞为妻描眉的故事。这里写女子盼情人归来，共享闺房之乐。

吹箫仕女图 清·羊文森

喜春来·和则明韵^①

xǐ chūn lái hè zé míng yùn

曹德 cáo dé

春云巧似山翁帽^②，古柳横为独木桥，风微尘软落红飘^③。沙岸好，草色上罗袍^④。

注释：①则明：元散曲名家任昱的字。和韵，共三曲，选其二、三曲。②山翁帽：晋代襄阳太守山简每出游常醉归，倒著白头巾。这里借喻白云的奇巧。③落红：落花。④草色上罗袍：指游人的罗袍与青草颜色相同。北周庾信《哀江南赋》："青袍如草。"唐韦庄《曲江作》："青袍草色新。"

山水图之花圃春烟　清·王翚

195

184

喜春来·和则明韵

xǐ chūn lái
hè zé míng yùn

cáo dé
曹德

chūn lái nán guó huā rú xiù　　yǔ guò xī hú shuǐ
春来南国花如绣①，雨过西湖水

sì yóu　　xiǎo yíng zhōu wài xiǎo hóng lóu　　rén bìng jiǔ
似油。小瀛洲外小红楼②，人病酒③，

liào zì xià lián gōu
料自下帘钩④。

注释：①南国：南方。②瀛洲：古代传说中的仙山，与蓬莱、方丈并称三大仙山。此处小瀛洲指杭州西湖中一景。红楼：华丽楼房，女子所居，此处指歌楼舞榭一类游乐场所。③病酒：醉酒后身体不适，如病了一样。④料：料想。下帘钩：指放下窗帘，无心观赏春景。

春人出帘花在波图　清·任　熊

185 三棒鼓声频①·题渊明醉归图

曹德

先生醉也，童子扶者②。有诗便写，无酒重赊。山声野调欲唱些，俗事休说③。问青天借得松间月④，陪伴今夜。长安此时春梦热，多少豪杰。

渊明醉归图 明·张鹏

197

míng zhāo jìng zhōng tóu sì xuě　wū mào nán zhē　xīng bān dà
明朝镜中头似雪，乌帽难遮。星般大
xiàn ér nán qì shě　wǎn rù lú shān shè　bǐ jí méi
县儿难弃舍⑤，晚入庐山社⑥。比及眉
wèi cuán　yāo yǐ zhé　chí le yě　qù guān táo jìng jié
未攒，腰已折。迟了也，去官陶靖节⑦！

注释：①三棒鼓声频：元代行乞时唱的时令小调，宫调已失。②扶者：扶着。者，语气助词。③俗事：尘俗事务，此处指追逐功名利禄等事。④问：向。⑤星般大县儿：指陶渊明曾任县令的彭泽县。⑥庐山社：晋代高僧慧远在庐山东林寺组织的白莲社。陶并未入社，但后世诗文常误认为他是白莲社的人。⑦"比及"四句：意谓陶渊明还没等到拒绝入白莲社，却早已出任县令，无异于向上司低头折腰了。他的辞官归隐实在显得太迟了。有人认为这是反传统的见解，认为一个洁身自好的人根本就不应该踏进官场。这是有感于官场黑暗腐败而借陶渊明抒发出来的愤激之情。

渊明爱菊图　清·马　骀

186 雁儿落带过得胜令^①

yàn ér luò dài guò dé shèng lìng

高克礼
gāo kè lǐ

寻致争不致争^②，既言定先言定。
xún zhì zhēng bù zhì zhēng　jì yán dìng xiān yán dìng

论至诚俺至诚^③，你薄幸谁薄幸^④？岂
lùn zhì chéng ǎn zhì chéng　nǐ bó xìng shuí bó xìng　qǐ

不闻举头三尺有神明，忘义多应当罪
bù wén jǔ tóu sān chǐ yǒu shén míng　wàng yì duō yīng dāng zuì

名^⑤！海神庙见有他为证，似王魁负桂
míng　hǎi shén miào xiàn yǒu tā wéi zhèng　sì wáng kuí fù guì

英，磣可可海誓山盟。绣带里难逃命，
yīng　chěn kě kě hǎi shì shān méng　xiù dài lǐ nán táo mìng

裙刀上更自刑。活取了个年少书生^⑥。
qún dāo shàng gèng zì xíng　huó qǔ le gè nián shào shū shēng

注释：①雁儿落带过得胜令：双调带过曲，又名《鸿门凯歌》。②寻：常。致争：争气。
③至诚：最诚实。④薄幸：薄情、负心、无情意。⑤当罪名：担罪名，承当罪责。
⑥"海神庙"六句：说王魁负桂英故事。落第才子王魁，得到妓女桂英的鼓励和全
力资助。朝廷下诏求贤，桂英为他筹办盘缠。临行，二人同往海神庙盟誓，王魁发
誓："吾与桂英誓不相负，若生离异，神当击之。"后王魁中状元，负心另娶，并
无情地怒斥桂英派去的送信人。桂英愤而自刎，后桂英的鬼魂夺去王魁性命。磣可
可，形容凄惨，悲惨。

杨柳青木版年画·金玉奴棒打薄情郎

huáng qiáng wēi dài guò qìng yuán zhēn
黄蔷薇带过庆元贞·天宝遗事①

gāo kè lǐ
高克礼

yòu bù céng kàn shēng jiàn zhǎng biàn zhè bān gē dù
又不曾看生见长，便这般割肚

qiān cháng huàn nǎi nǎi mǐng zǐ lǐ cì shǎng cuō cù cù
牵肠。唤奶奶酩子里赐赏，撮醋醋

hái ér yě nòng zhāng duàn sòng tā xiāo xiāo ān mǎ chū
孩儿也弄璋②。断送他潇潇鞍马出

xián yáng zhǐ yīn tā chóng chóng ēn ài zài zhāo yáng yǐn
咸阳③，只因他重重恩爱在昭阳，引

华清出浴图 清·康涛

惹(rě)得(de)纷(fēn)纷(fēn)戈(gē)戟(jǐ)闹(nào)渔(yú)阳(yáng)④。哎，三(sān)郎(láng)⑤！
睡(shuì)海(hǎi)棠(táng)⑥，都(dōu)则(zé)为(wèi)一(yì)曲(qǔ)舞(wǔ)《霓(ní)裳(cháng)》⑦。

注释：①天宝：唐玄宗李隆基年号。②"又不曾"四句：讽刺杨贵妃认安禄山为养子，为安禄山洗儿的事。《资治通鉴·唐玄宗天宝六载》："禄山得出入禁中，因请为贵妃儿，上与贵妃共坐，禄山先拜贵妃。上问其故，对曰：'胡人先母而后父。'上悦。"同书《唐玄宗天宝十载》："甲辰，禄山生日，上及贵妃赐衣服、宝器、酒馔甚厚，后三日，召禄山入禁中，贵妃以锦绣为大襁褓裹禄山，使宫人以彩舆舁之。上闻后宫欢笑，问其故，左右以贵妃三日洗禄儿对。上自往观之，喜，赐贵妃洗儿金银钱，后厚赐禄山，尽欢而罢。"奶奶，母亲。酪子里，暗地里。撮醋醋，打扮收拾得整整齐齐、漂漂亮亮的样子。撮，收拾。醋醋，即楚楚，鲜明整洁的样子。弄璋，古代生男孩，称为弄璋（玉器）；生女孩，谓之弄瓦（纺锤）。《诗经·小雅·斯干》："乃生男子，载寝之床，载弄之璋。"③咸阳：战国时秦孝公所建都城，故址在今陕西长安区西之渭城故城。这里借指唐京都长安。④渔阳：唐代郡名，郡治在今天津蓟州区。当时为安禄山辖地。白居易《长恨歌》"渔阳鼙鼓动地来"就指此处。⑤三郎：唐玄宗李隆基是睿宗李旦的第三个儿子，故称。⑥睡海棠：指杨玉环。⑦则为：只为。《霓裳》：《霓裳羽衣曲》，杨玉环善舞此曲。

杨贵妃上马图　宋·钱 选

188

mà yù láng dài guò
骂玉郎带过
gǎn huáng ēn cǎi chá gē
感皇恩采茶歌① ·恨别

hèn bié

zhōng sì chéng
钟嗣成

fēng liú dé yù luán huáng pèi　　qià bǐ yì biàn fēn
风流得遇鸾凰配②，恰比翼便分
fēi　　cǎi yún yì sàn liú lí cuì　　méi chuǎi de chāi gǔ
飞③，彩云易散琉璃脆④。没揣地钗股
zhé　sī láng de bǎo jìng kuī　　pū tōng de yín píng zhuì
折，厮琅地宝镜亏，扑通地银瓶坠⑤。
xiāng lěng jīn ní　　zhú àn luó wéi　　zhī lā de
香冷金猊⑥，烛暗罗帏。支刺地
jiǎo duàn lí cháng　　pū sù de yān cán lèi yǎn　chī dá de
搅断离肠，扑速地淹残泪眼，吃答地
suǒ dìng chóu méi
锁定愁眉⑦。

江亭饯别图　明·杜瓊

天高雁杳⑧，月皎乌飞⑨。暂别离，且宁耐，好将息⑩。你心知，我诚实，有情谁怕隔年期。去后须凭灯报喜⑪，来时长听马频嘶。

注释：①骂玉郎带过感皇恩采茶歌：此带过曲属南吕宫。句式：七六七、三三三（骂玉郎）四四、三三三、四四、三三三（感皇恩）。三三七、七七（采茶歌）。②鸾凰配：鸾、凰均属凤凰类，比喻婚姻相称相配，美好。③恰：才、刚刚。比翼：指两鸟相伴齐飞，比喻爱侣的亲密。④"彩云"句：唐白居易《简简吟》："大都好物不坚牢，彩云易散琉璃脆。"此用其成句，比喻好景不长。⑤没揣：没料到，突然。厮琅、扑通：均为象声词。钗股折、银瓶坠：用唐白居易《井底引银瓶》诗："井底引银瓶，银瓶欲上丝绳绝；石上磨玉簪，玉簪欲成中央折。瓶沉簪折知奈何，似妾今朝与君别。"亏：缺，指不圆，比喻夫妻分离。⑥金猊：用金属制的兽形香炉。⑦支剌、扑速、吃答：均为象声词。此三句形容离别的痛苦。⑧雁杳：音讯断绝，不知离人行踪。⑨月皎：用古诗十九首"明月何皎皎，照我罗床帏。忧愁不能寐，揽衣起徘徊"诗意。乌飞：比喻时间流逝。乌，指传说日中的三足金乌，指代太阳。⑩宁耐：忍耐。将息：养息、休养。⑪须凭：当须，会借。灯报喜：旧时认为灯花爆闪预兆喜事，出门在外的亲人将要归来。

山水册之立马看秋山 清·袁耀

189

凌波仙·吊陈以仁①
líng bō xiān · diào chén yǐ rén

钟嗣成
zhōng sì chéng

钱塘人物尽飘零②，赖有斯人
qián táng rén wù jìn piāo líng　　lài yǒu sī rén

尚老成③。为朝元恐负虚皇命④。凤
shàng lǎo chéng　　wèi cháo yuán kǒng fù xū huáng mìng　　fèng

箫寒鹤梦惊，驾天风直上蓬瀛⑤。芝
xiāo hán hè mèng jīng　　jià tiān fēng zhí shàng péng yíng　　zhī

堂静，蕙帐清⑥，照虚梁落月空明⑦。
táng jìng　　huì zhàng qīng　　zhào xū liáng luò yuè kōng míng

注释： ①陈以仁：字存甫，杭州人，元曲家。钟嗣成《录鬼簿》卷下称其"以家务雍容，不求闻达，日与南北士大夫交游……能博古，善讴歌。其乐章间出一二，俱有骈丽之句"。②钱塘：杭州。③斯人：此人，指陈以仁。老成：年高有德，或文章老练。④朝元：唐有朝元阁，此谓礼拜神仙。虚皇：道教太虚之神。此句是说陈以仁因礼拜天神而被挽留，他唯恐辜负天神的旨意，就不再回到人间了，即婉言其死。⑤蓬瀛：蓬莱、瀛洲，传说海上仙山名。⑥芝堂、蕙帐：常以称道士清静之居。⑦"照虚梁"句：化用杜甫《梦李白》诗："落月满屋梁，犹疑照颜色。"借以抒写对已去世的友人的悼念之情。

蓬壶春晓图　清·王云

红绣鞋·警世

hóng xiù xié · jǐng shì

张养浩
zhāng yǎng hào

才上马齐声儿喊道[①]，只这的
cái shàng mǎ qí shēng ér hǎn dào　zhǐ zhè de

便是那送了人的根苗[②]，直引到深
biàn shì nà sòng le rén de gēn miáo　zhí yǐn dào shēn

坑里恰心焦[③]。祸来也何处躲，天怒
kēng lǐ qià xīn jiāo　huò lái yě hé chù duǒ　tiān nù

也怎生饶[④]，把旧来时威风不见了！
yě zěn shēng ráo　bǎ jiù lái shí wēi fēng bù jiàn liǎo

注释：①喊道：古时大官出行巡视，前有衙役高声吆喝，使行人闻声回避让路，谓之喊道。②这的：指上面喊道的威风。③恰：才。④怎生饶：怎么能宽恕。

内家汉戏秘秋千图　清·任　熊

191

红绣鞋·警世
hóng xiù xié · jīng shì

张养浩
zhāng yǎng hào

正胶漆当思勇退①，到参商才说归期②，只恐范蠡张良笑人痴③。拽着胸登要路④，睁着眼履危机，直到那其间谁救你⑤？

注释：①胶漆：如胶似漆，形容关系亲密，感情深厚，亲密无间。《史记·鲁仲连邹阳列传》："感于心，合于行，亲于胶漆，昆弟不能离。"②参商：参、商二星一在西，一在东，此出彼没，不得相逢，比喻双方隔绝或不和睦。这里比喻分歧、合不来。③范蠡张良：二人均是历史上功成身退的典型。④拽：挺出。要路：比喻显要的地位。⑤那其间：那期间，那时候。

忘却芦花丛里宿图 清·袁耀

192 山坡羊·潼关怀古[①]

张养浩

峰峦如聚[②]，波涛如怒，山河表里潼关路[③]。望西都[④]，意踌躇[⑤]。伤心秦汉经行处[⑥]，宫阙万间都做了土。兴，百姓苦；亡，百姓苦！

注释：①潼关：在今陕西潼关县，为历代军事要塞。②峰峦如聚：潼关西薄华山，南接高岭，山峰连绵不断凑聚在一起。③山河表里：指潼关内有华山，外有黄河。表里，里外。④西都：长安（今陕西省西安市）。汉代以长安为西都，也称西京。⑤意：心绪。踌躇：本指犹豫不决、徘徊不前。此指反复思索，思潮起伏。⑥经行：本为佛家用语，指佛教徒修行布道往返于一定之地，这里借指秦汉故都所在地。

阿房宫图　清·袁耀

193

庆 东 原
qìng dōng yuán

张 养 浩
zhāng yǎng hào

鹤立花边玉，莺啼树杪弦①，喜
hè lì huā biān yù　yīng tí shù miǎo xián

沙鸥也解相留恋②。一个冲开锦川③，
shā ōu yě jiě xiāng liú liàn　yí gè chōng kāi jǐn chuān

一个啼残翠烟④，一个飞上青天。诗
yí gè tí cán cuì yān　yí gè fēi shàng qīng tiān shī

句欲成时，满地云撩乱⑤。
jù yù chéng shí　mǎn dì yún liáo luàn

注释：①"鹤立"二句：白鹤站在花边好像玉石一样洁白美丽，黄莺在树梢歌唱好像弹琴一样美妙动听。杪，即树梢。②解：懂、明白。③锦川：美丽的河川。此句指沙鸥在美丽的河川中游泳。④翠烟：青翠林间的烟雾云气。⑤撩乱：纷乱、缤纷。

花鸟图　清·郎世宁

醉太平
zuì tài píng

194

刘庭信
liú tíng xìn

泥金小简①，白玉连环②。牵恨惹
ní jīn xiǎo jiǎn　　bái yù lián huán　　qiān hèn rě

恨两三番，好光阴等闲③。景阑珊绣
hèn liǎng sān fān，hǎo guāng yīn děng xián　　jǐng lán shān xiù

帘风软杨花散④，泪阑干绿窗雨洒
lián fēng ruǎn yáng huā sàn　　lèi lán gān lǜ chuāng yǔ sǎ

梨花绽⑤，锦斓斑香闺春老杏花残⑥。
lí huā zhàn　　jǐn lán bān xiāng guī chūn lǎo xìng huā cán

奈薄情未还⑦。
nài bó qíng wèi huán

注释：①泥金小简：用金粉绘饰的信笺。②白玉连环：用白玉制成的串联而不可解的环套，表示紧密相连，不可分离。③等闲：寻常，随便，轻易。④阑珊：残败、衰落、将尽。⑤泪阑干：泪水纵横纷流。绽：开放。⑥锦斓斑：形容缤纷的落花。⑦奈：无奈。薄情：薄情人，指所思念者。

梨花仕女图 清·沙馥

195

塞鸿秋·悔悟
sài hóng qiū · huǐ wù

刘庭信
liú tíng xìn

苏卿写下金山恨，双生得个风流信①。亚仙不是夫人分，元和终受十年困②。冯魁到底村③，双渐从来嫩④，思量惟有王魁俊⑤。

注释：①"苏卿"二句：庐州妓苏小卿与书生双渐相爱，双渐去求官，久去不归。茶商冯魁将小卿买去，小卿在金山的寺院中留下书信。双渐中状元后，寻找小卿，追至金山，得苏卿留信，一夜千里赶到临安（今杭州），终于夺回苏卿，结为夫妇。②"亚仙"二句：据唐朝白行简传奇小说《李娃传》：荥阳公子郑元和因恋长安妓女李娃（亚仙）而耗尽资费，其父得知后痛打郑元和，几乎鞭打至死，抛弃街头，沦为乞丐达十年之久，后被李娃救护并帮他取得功名，两人终成夫妇，父子也和好如初。③村：粗俗、不文雅。④嫩：不老练。⑤王魁：王魁一向作为负心男子的典型而遭谴责，这里作者正话反说，借以讽刺当时的社会是非不分，美丑颠倒，以抒发其愤世嫉俗的情怀。

杨柳青木版年画·李亚仙刺目

196

寨儿令·戒嫖荡①

刘庭信

没算当②，不斟量，舒着乐心钻套项③。今日东墙，明日西厢，着你当不过连珠箭急三枪④。鼻凹里抹上些砂糖⑤，舌尖上送与些丁香⑥。假若你便铜脊梁，者莫你是铁肩膀⑦，也擦磨成风月担儿疮⑧。

注释：①戒嫖荡：刘庭信共写《寨儿令·戒嫖荡》十五首，所选为第二、第五首。②没算当：不会算计。③套项：圈套。④当不过：敌不过。连珠箭、急三枪：比喻妓女拉拢降服嫖客的手段。⑤"鼻凹"句：意谓弄点甜头引诱嫖客。⑥丁香：一种香料，可含于口中，又名"鸡舌香"，诗词中常用比喻女子的舌头。此句指妓女以接吻等亲热动作引诱嫖客。⑦者莫：尽管、假若、即使。⑧风月：指男女情事。

临宋人画之宋人狎妓图　明·仇英

197

寨儿令·戒嫖荡
(zhài ér lìng · jiè piáo dàng)

刘庭信 *(liú tíng xìn)*

搭扶定，推磨杆，寻思了两三番。把郎君几曾是人也似看？只争不背上驮鞍①，口内衔环，脖项上把套头拴。咫尺的月缺花残②，滴溜着枕冷衾寒③。早回头寻个破绽，没忽的得些空闲，荒撇下风月担儿赸④。

注释：①只争：只差。②咫尺：形容距离很近。咫，八寸，这里借指时间的短暂。月缺花残：比喻欢情消散。③滴溜：快速旋转，这里犹言转眼之间。④荒撇：抛弃。赸：离去、走开。此句是劝告嫖客卸下重担，脱身自由。

莲塘纳凉图 清·金廷标

折桂令①

刘庭信

想人生最苦离别。三个字细细分开，凄凄凉凉无了无歇。别字儿半晌痴呆，离字儿一时拆散，苦字儿两下里堆叠。他那里鞍儿马儿身子儿劣怯②，我这里眉儿眼儿脸脑儿乜斜③。侧着头叫一声行者，搁着泪说一句听者：得官时先报期程，丢丢抹抹远远的迎接④。

注释：①**折桂令：**双调。作者以此曲牌共写《忆别》十二首。本篇及以下二曲为其中第二、第四、第九首。②**劣怯：**趔趄，脚步歪斜、站立不稳、步态踉跄的样子。③**乜斜：**眯着眼睛斜视。此处形容愁眉苦脸、目光呆滞的神情。④**丢丢抹抹：**梳妆打扮。

江亭饯别图 明·杜 琼

199

zhé guì lìng
折 桂 令

liú tíng xìn
刘庭信

xiǎng rén shēng zuì kǔ lí bié yàn yǎo yú chén
想人生最苦离别。雁杳鱼沉，

xìn duàn yīn jué jiāo mó yàng shèn shí céng diū mǒ hǎo
信断音绝。娇模样甚实曾丢抹①，好

shí guāng shuí céng shòu yòng qióng jiā huó zhú rì bēng zhuài cái
时光谁曾受用，穷家活逐日绷拽②。才

guò le yì bǎi wǔ rì shàng fén de rì yuè zǎo lái dào
过了一百五日上坟的日月③，早来到

èr shí sì yè jì zào de shí jié dǔ dǔ mò mò zhōng suì
二十四夜祭灶的时节④。笃笃寞寞终岁

bā jié gū gū lìng lìng chè yè zī jiē huān huān xǐ xǐ
巴结⑤，孤孤另另彻夜咨嗟⑥。欢欢喜喜

pàn de tā huí lái qī qī liáng liáng lǎo le rén yě
盼的他回来，凄凄凉凉老了人也！

注释：①甚实曾：何曾，何尝。丢抹：梳妆打扮。②绷拽：勉强支撑、硬撑。③一百五日：寒食日。清明节前一（或二）日距上一年冬至日，刚好一百零五天。④二十四夜祭灶：旧俗，每年农历腊月二十四（或二十三）日夜间祭"灶王爷"。⑤笃笃寞寞：宋元俗语，盘旋徘徊的意思。巴结：辛苦、努力。⑥咨嗟：叹息。

春雁江南图 清·吴历

折桂令
zhé guì lìng

刘庭信
liú tíng xìn

想人生最苦别离。不甫能喜喜
欢欢①，翻做了哭哭啼啼②。事到今朝，
休言去后，且问归期。看时节勤勤的
饮食③，沿路上好好的将息④。娇滴滴
一捻儿年纪⑤，碜磕磕两下里分飞⑥。急
煎煎盼不见雕鞍⑦，呆答孩软弱身己⑧。

注释：①不甫能："甫能"，意谓好不容易、才能够、刚刚。②翻：反而。③看时节：按时令。④将息：休息、调养。⑤一捻儿：一点点儿。⑥碜磕磕：凄惨、悲惨样子。磕磕，语气助词，无义。⑦急煎煎：焦急的样子。雕鞍：借指骑马远行的情郎。⑧呆答孩：发呆的样子。身己：身体。

杨柳青木版年画·马鞍山

215

201

zuì tài píng
醉太平·归隐①（一）

wāng yuán hēng
汪元亨

cí lóng lóu fèng què　　nà xiàng jiǎn wū xuē　　dòng
辞龙楼凤阙②，纳象简乌靴③。栋

liáng cái qǔ cì jìn cuī zhé　　kuàng zhú tóu mù xiè　　jié zhī
梁材取次尽催折④，况竹头木屑。结知

xīn péng yǒu zhuó téng rè　　yù wàng huái shī jiǔ zhuī huān yuè
心朋友着疼热⑤，遇忘怀诗酒追欢悦⑥，

jiàn shāng qíng guāng jǐng fàng chī dāi　　lǎo xiān shēng zuì yě
见伤情光景放痴呆⑦。老先生醉也⑧！

注释：①**归隐：**归隐为作者一百首《归田录》中一部分，其中《警世》二十首，另以归隐、归田为题作《中吕·朝天子》《双调·沉醉东风》《双调·折桂令》《双调·雁儿落过得胜令》各二十首，总题《归田录》。本书选归隐共四首。②**龙楼凤阙：**指帝王宫殿。③**纳：**归还、退回。**象简：**象牙制的笏板。明代以前，一至五品官上朝用牙笏。**乌靴：**黑缎官靴。④**取次：**任意、随便、逐渐。⑤**着疼热：**关切、体贴痛痒冷热。⑥**忘怀：**此指难以忘怀的好朋友。⑦**放痴呆：**装出痴呆的样子。放，仿效，装作。⑧**老先生：**作者自指。

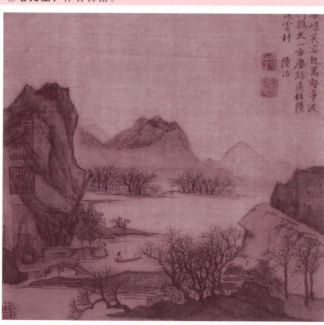

花溪渔隐图　明·陆治

202

zuì tài píng
醉太平·guī yǐn èr归隐（二）

wáng yuán hēng
汪元亨

zēng cāng yíng jìng xuè　　wù hēi yǐ zhēng xué　　jí
憎苍蝇竞血①，恶黑蚁争穴②。急
liú zhōng yǒng tuì shì háo jié　bù yīn xún gǒu qiě　　tàn wū
流中勇退是豪杰，不因循苟且③。叹乌
yī yí dàn fēi wáng xiè　　pà qīng shān liǎng àn fēn wú yuè
衣一旦非王谢④，怕青山两岸分吴越⑤，
yàn hóng chén wàn zhàng hùn lóng shé　　lǎo xiān shēng qù yě
厌红尘万丈混龙蛇⑥。老先生去也！

注释： ①**苍蝇竞血**：苍蝇争着舐血腥之物。此句意为厌恶世人为功名利禄而争斗不休。②**恶**：痛恨、厌恶。**黑蚁争穴**：比喻人间自相摧残。③**因循**：沿袭旧时的做法。**苟且**：马虎随便、得过且过。④**乌衣**：乌衣巷，在今南京市秦淮河西，东晋时豪族王导、谢安两大贵族住地。此句化用刘禹锡《乌衣巷》诗"朱雀桥边野草花，乌衣巷口夕阳斜。旧时王谢堂前燕，飞入寻常百姓家"的诗意。⑤**分吴越**：指春秋末吴越两国对立争斗，多次用兵，因借指军事割据，战乱不休。⑥**红尘**：人世、尘俗。**混龙蛇**：龙蛇混杂，好坏真假不分。

山水图册之百岁旧人谈旧事　清·袁　耀

203

zuì tài píng
醉太平·归隐（三）

guī yǐn sān

wāng yuán hēng
汪元亨

yuán liú tóu jùn jié　　　gǔ suǐ lǐ jiāo shē　　zhé
源流头俊杰①，骨髓里骄奢②。折
chuí yáng jǐ dù zèng lí bié　shào nián xīn wèi xiē　tūn xiù
垂杨几度赠离别，少年心未歇。吞绣
xié chēng de yān hóu liè　　zhì jīn qián xué de shēn qū qiè
鞋撑的咽喉裂③，掷金钱踅的身躯趄④，
piàn fěn qiáng diān de tuǐ tǐng zhé　　lǎo xiān shēng hài yě
骗粉墙掂的腿脡折⑤。老先生害也⑥！

注释：①**源流头**：水发源处，泛指事物的源头根底。②**骄奢**：骄横、奢侈、荒淫、放纵。③**吞绣鞋**：把酒杯放在女子绣鞋中行酒，是旧时风流场中的放荡行为。④**掷金钱**：把金钱抛掷在地上，众人争抢，是旧时妓院盛行的游戏。**踅**：来回乱转。**趄**：脚步不稳。⑤**骗**：跨越。**掂**：通"踮"，提起脚跟，脚尖着地。**腿脡**：指大腿的直骨。脡，直。⑥**害**：受到伤害。

孟蜀宫妓图　明·唐寅

204

醉太平·归隐（四）

zuì tài píng

guī yǐn sì

wāng yuán hēng

汪元亨

度流光电掣①，转浮世风车②。不
dù liú guāng diàn chè zhuǎn fú shì fēng chē bù

归来到大是痴呆③，添镜中白雪。天时
guī lái dào dà shì chī dāi tiān jìng zhōng bái xuě tiān shí

凉捻指天时热④，花枝开回首花枝
liáng niǎn zhǐ tiān shí rè huā zhī kāi huí shǒu huā zhī

谢，日头高眨眼日头斜。老先生悟也！
xiè rì tóu gāo zhǎ yǎn rì tóu xié lǎo xiān shēng wù yě

注释：①**流光**：指光阴。**电掣**：如闪电般一闪而过。②**浮世风车**：比喻世事无常，如旋转不停的风车。浮世，人间、人世。③**到大**：程度副词，绝大、非常、十分。④**捻指**：犹弹指，形容时间过得很快。

秋江待渡图 明·仇英

205

沉醉东风·归田

wāng yuán hēng
汪元亨

籴陈稻新舂细米①，采生蔬熟做酸齑②。凤栖杀凰莫飞，龙卧死虎休起③。不为官那场伶俐④，槿树花攒绣短篱⑤，到胜似门排画戟⑥。

注释：①籴：买进，专指买粮食。②酸齑：腌制的酸菜。齑，细碎的腌菜。③"凤栖"二句：比喻归隐老死于田园，决不复起。凤凰、龙虎都比喻隐居的高士。④伶俐：清净、闲逸。⑤槿树：木槿，落叶灌木，可做篱笆。攒：聚集。绣：将细小之物缠连成一片。⑥门排画戟：为古宫殿、官府门第的仪仗。唐代规定，三品以上高官才得立戟于门。

临宋人画 明·仇英

折桂令

汪元亨

二十年尘土征衫①，铁马金戈②，火鼠冰蚕③。心不狂谋，言无妄发，事已多谙④。黑似漆前程黯黯，白如霜衰鬓斑斑。气化相参⑤，谲诈难甘⑥。冷笑渊明，高访图南⑦。

注释：①征衫：远行人的衣衫。②铁马：披铁甲的战马。金戈：兵器。此句指饱经战乱。③火鼠冰蚕：古代传说中的两种珍异动物。东方朔《十洲记》载：炎洲有火林山，山中有火光兽，大如鼠。相传用火鼠毛织成的布耐火，称为火浣布。王嘉《拾遗记》载：有冰蚕，以霜雪覆之然后作茧。相传用冰蚕丝织物水打不湿，火烧不着。④谙：熟悉。⑤气化相参：指阴阳二气互相作用变化相生，意谓天地之规律难以预测。⑥谲诈：诡诈、欺诳。难甘：难以甘心、忍受。⑦高访：敬仰地拜访。图南：宋代著名隐士陈抟，字图南。此句是说陶渊明虽然辞官归隐，却依然结庐人境，未离尘世，不如离世高隐、沉酣睡乡的陈抟。

归去来兮辞之棹孤舟图　明·夏　芷

207

朝天子·归隐
cháo tiān zǐ　guī yǐn

汪元亨
wāng yuán hēng

荣华梦一场，功名纸半张，是非海波千丈①。马蹄踏碎禁街霜②，听几度头鸡唱③。尘土衣冠，江湖心量④。出皇家凤网⑤，慕夷齐首阳⑥，叹韩彭未央⑦。早纳纸风魔状⑧。

róng huá mèng yì chǎng, gōng míng zhǐ bàn zhāng, shì fēi hǎi bō qiān zhàng. mǎ tí tà suì jìn jiē shuāng, tīng jǐ dù tóu jī chàng. chén tǔ yī guān, jiāng hú xīn liàng. chū huáng jiā fèng wǎng, mù yí qí shǒu yáng, tàn hán péng wèi yāng. zǎo nà zhǐ fēng mó zhuàng.

注释：①**"是非"句**：比喻人间是非纷起，如大海风波，使人惊心动魄。②**禁街**：宫廷中的道路，皇城的街道。③**头鸡唱**：头遍鸡鸣，此句谓做官辛苦，鸡叫头遍，就要骑马上朝。④**心量**：胸怀、器度。江湖心量指心中怀有退隐江湖之志。⑤**皇家凤网**：指封建朝廷的名位，如诱人的罗网。⑥**夷齐首阳**：指周武王时，伯夷、叔齐不食周粟，隐居首阳山，最后饿死。⑦**韩彭**：指韩信、彭越，二人均为辅佐刘邦夺天下的大功臣，汉初被封为诸侯王，后却被吕后以谋反罪名处死。**未央**：未央宫，吕后所居。韩、彭皆被杀于此宫。⑧**风魔**：疯魔，此处指装疯佯狂。汉代蒯通有奇谋，善辩，曾劝韩信叛汉，韩信事发，他佯狂遁去。**状**：文书。此句是说趁早装疯卖傻，递上一份辞职表归隐吧。

归去来兮辞之云无心以出岫图　明·李　在

喜春来·春晚

周德清

镫鞲斜月明金鞯①，花压春风短帽檐。谁家帘影玉纤纤②？粘翠靥③，消息露眉尖④。

注释：①鞲：同"镫"，马镫，马鞍两边的脚踏。鞯：马鞯，即障泥，垫在马鞍下，垂在马背两旁遮挡泥土的工具。②帘影玉纤纤：形容女子纤细的手在帘上的投影。③翠靥：古代女子面部装饰用的翠绿的饰物。④消息：指春意。

花坞醉归图 南宋·佚名

209

xǐ chūn lái
喜春来·别情
bié qíng

zhōu dé qīng
周德清

yuè ér chū shàng é huáng liǔ　　yàn zǐ xiān guī
月儿初上鹅黄柳①，燕子先归
fěi cuì lóu　　méi hún xiū nuǎn fèng xiāng gōu　　rén qù
翡翠楼，梅魂休暖凤香篝②。人去
hòu　　yuān bèi lěng duī chóu
后，鸳被冷堆愁③。

注释： ①**鹅黄**：幼鹅毛色淡黄，借以形容初春新发芽的杨柳枝淡黄娇嫩。②**梅魂**：指熏香像梅魂，即具有梅花的芬芳。**凤香篝**：一种铜制的凤形熏香笼。此句写少妇独居空闺，无心燃点薰笼，使它发出梅花的缕缕暗香。③**鸳被**：绣有鸳鸯的被子。

凤凰女仙图　清·华嵒

红绣鞋·春情

任昱

暗朱箔雨寒风峭^①，试罗衣玉减香销^②。落花时节怨良宵。银台灯影淡，绣枕泪痕交。团圆春梦少。

注释：①暗朱箔：使朱箔暗。朱箔，朱红色的帘子。风峭：风急。②玉减香销：形容女子身体消瘦。玉，指玉肌，比喻女子润泽莹洁玉白的肌肤。

雍正妃行乐图 清·佚 名

(211)

红绣鞋·晚秋①

李致远

梦断陈王罗袜②，情伤学士琵琶③。又见西风换年华。数杯添泪酒④，几点送秋花。行人天一涯。

注释：①红绣鞋：又名朱履曲，中吕宫曲牌。②陈王：指曹植，最后封地在陈郡（今河南淮阳），谥号"思"，故被称为陈思王或陈王。相传他曾求甄逸之女为妻，未成。甄女后归曹丕，终被郭后害死。曹植入朝见其遗物，伤心泪下，在归途中，经洛水，作《洛神赋》，赋中描写洛神的体态轻盈、飘行若神，有"凌波微步，罗袜生尘"的句子，形容宓妃的神态飘飘欲仙。此处罗袜指代美人。③"情伤"句：化用白居易《琵琶行》诗意。白居易因上书针砭朝政，被贬为江州（今江西九江）司马。次年秋送客夜闻江上琵琶声，有感而作《琵琶行》诗，诗末尾有"座中泣下谁最多？江州司马青衫湿"句。因白居易曾任翰林学士，故称为"学士"。④添泪酒：化用范仲淹《苏幕遮》词句"酒入愁肠，化作相思泪"句意。

人物山水画 明·尤求

212 天净沙·春闺

tiān jìng shā · chūn guī

lǐ zhì yuǎn
李致远

画楼徙倚栏杆①，粉云吹做修鬟②，璧月低悬玉弯③。落花懒慢④，罗衣特地春寒⑤。

注释：①画楼：装饰华丽的楼阁。徙倚：站立；凭靠。②粉云：形容柳絮。修鬟：美丽的环状发髻。③璧月：璧玉一般的圆月。玉弯：指弯月。④懒慢：慵懒散漫。此处形容落花萎谢无力。⑤特地：特别，格外。

雍正妃行乐图 清·佚名

213

xiǎo táo hóng
小桃红·碧桃^①

lǐ zhì yuǎn
李致远

秾华不喜污天真^②，玉瘦东风困^③。汉阙佳人足风韵^④。唾成痕^⑤，翠裙剪剪琼肌嫩^⑥。高情厌春，玉容含恨^⑦，不赚武陵人^⑧。

注释：①碧桃：千叶桃，花重瓣，白色或粉红，不结果实。②秾华：繁茂的花朵。③玉瘦：指碧桃花枯萎。④汉阙佳人：指赵飞燕。阙，指宫殿。⑤唾成痕：比喻桃花似为美人的香唾所化，用赵飞燕唾花故事。汉伶玄《赵飞燕外传》："后（指皇后赵飞燕）与其妹婕妤坐，后误唾婕妤袖，婕妤曰：'姐唾染人绀袖，正似石上花，假令尚方为之，未能如此衣之华（花）。以为石华广袖。'"⑥翠裙剪剪：形容桃叶如翠裙般齐整。⑦高情：写白色的碧桃花有高洁的情操，讨厌春天的繁华，不施脂粉，那美丽的花容蕴含着淡淡的哀愁。⑧不赚：不骗。武陵人：指陶渊明《桃花源记》中的武陵渔人。他到桃花源后，曾"逢桃花林，夹岸数百步，中无杂树，芳草鲜美，落英缤纷"。唐宋诗词和元曲中常把武陵渔人入桃源事与刘晨、阮肇入天台山采药逢仙女事牵合在一起，用作冶游、艳遇的典故。这里即以武陵人指代冶游猎艳之徒。

仕女图之桃林伴鹿　清·改琦

214

水仙子·集句[1]
shuǐ xiān zǐ jí jù

薛昂夫
xuē áng fū

几年无事傍江湖，醉倒黄公
jǐ nián wú shì bàng jiāng hú zuì dǎo huáng gōng

旧酒垆[2]。人间纵有伤心处，也不到
jiù jiǔ lú rén jiān zòng yǒu shāng xīn chù yě bù dào

刘伶坟上土[3]，醉乡中不辨贤愚。对风
liú líng fén shàng tǔ zuì xiāng zhōng bù biàn xián yú duì fēng

流人物，看江山画图，便醉倒何如！
liú rén wù kàn jiāng shān huà tú biàn zuì dǎo hé rú

注释：①集句：将前人的诗句组集成篇。②"几年"二句：为唐陆龟蒙《和袭美春夕酒醒》诗中的句子。傍，接近。黄公旧酒垆：指酣饮的场所。垆，安放酒瓮的土台。《世说新语·伤逝》：王戎"乘轺车经黄公酒垆下过，顾谓后车客：'吾昔与嵇叔夜、阮嗣宗酣饮于此垆。'"③刘伶：西晋人，"竹林七贤"之一。纵酒放诞，曾著《酒德颂》，自称"唯酒自务"，常乘鹿车，携一壶酒，使人荷锄相随，说"醉死便埋我"。李贺《将进酒》有"劝君终日酩酊醉，酒不到刘伶坟上土"。

江干游赏图 清·华嵒

215

殿前欢①

diàn qián huān

xuē áng fū
薛昂夫

niǎn bīng zī　　rào gū shān wǎng liǎo fèi xún sī
捻冰髭②，绕孤山枉了费寻思③。

zì bū xiān qù hòu wú gāo shì　　lěng luò yōu zī　dào
自逋仙去后无高士④，冷落幽姿，道

méi huā bù yào shī　　xiū shuō tuī qiāo zì　　xiào shā pín
梅花不要诗。休说推敲字⑤，效杀颦

nán sì　　zhī tā shì xī shī xiào wǒ　wǒ xiào xī shī
难似⑥。知他是西施笑我，我笑西施？

注释： ①**殿前欢：** 作者以此调写了《春》《夏》《秋》《冬》四曲，分咏杭州西湖四时游赏情景。所选为第四首，咏西湖冬景。②**冰髭：** 银白色的髭须。捻冰髭形容苦吟。③**孤山：** 北宋诗人林逋在西湖的隐居地多植梅，号"孤山梅"。林逋亦善咏梅之作。④**逋仙：** 指林逋。**高士：** 志行高尚之士。⑤**推敲字：** 用唐代贾岛作诗字斟句酌典故。⑥**效杀颦难似：** 效颦，东施效颦的略语。典出庄子寓言：西施因病常捧心皱眉，益添其美；东施仿效西施捧心皱眉，反添其丑。**杀：** 竭力仿效之意。此二句是说不管怎样费心苦吟，也难以刻画西湖雪景之美。

临宋人画之高士图　明·仇英

殿 前 欢

薛昂夫

醉归来,袖春风下马笑盈腮。

笙歌接到朱帘外,夜宴重开。十年

前一秀才,黄齑菜①,打熬到文章伯②。

施展出江湖气概③,抖擞出风月情怀④。

注释:①齑菜:指切碎腌制的酱菜、腌菜。此指贫穷清苦的生活。②文章伯:文章宗伯,
对善于写文章又有地位的人的尊称。③江湖气概:指仗义疏财的气量。④风月:清
风明月,此比喻男女相爱。

春游晚归图　南宋·佚名

山坡羊

217

薛昂夫

惊人学业，掀天势业①，是英雄成败残杯炙②。鬓堪嗟，雪难遮③，晚来览镜中肠热④。问着老天无话说。东，沉醉也；西，沉醉也。

注释：①势业：权势、事业。此句形容功业伟大。②残杯炙：残杯冷炙，残剩的酒食。喻指施舍物。③雪：指白发如雪。④中肠热：内心发热。

临宋人画　明·仇英

218

山坡羊
薛昂夫

大江东去，长安西去^①，为功名
走遍天涯路。厌舟车，喜琴书，早星
星鬓影瓜田暮^②。心待足时名便足^③。
高，高处苦；低，低处苦。

邵平种瓜 清·周慕桥

塞鸿秋 (sài hóng qiū) · 凌歊台怀古 (líng xiāo tái huái gǔ)①

219

薛昂夫 (xuē áng fū)

凌歊台畔黄山铺 (líng xiāo tái pàn huáng shān pù)，是三千歌舞 (shì sān qiān gē wǔ)亡家处 (wáng jiā chù)②。望夫山下乌江渡 (wàng fū shān xià wū jiāng dù)③，是八千 (shì bā qiān)子弟思乡处 (zǐ dì sī xiāng chù)④。江东日暮云 (jiāng dōng rì mù yún)，渭北春 (wèi běi chūn)天树 (tiān shù)⑤，青山太白坟如故 (qīng shān tài bái fén rú gù)⑥。

注释：①塞鸿秋：正宫调曲牌，句式为七七七七、五五七。凌歊台：在今安徽当涂县西，南朝宋武帝刘裕曾在这里筑离宫。②"凌歊"二句：化用唐许浑《凌歊台》诗句"宋祖凌歊乐未回，三千歌舞宿层台"诗意。③望夫山：在当涂县西北。乌江渡：在安徽和县东北，与望夫山隔江相对。为项羽兵败垓下自刎处。④八千子弟：指项羽率领的江东子弟八千人。项羽兵败后无一生还。⑤"江东"二句：借用杜甫《春日忆李白》诗句"渭北春天树，江东日暮云。"后人以"春树暮云"表示对远方友人的怀念。⑥青山太白坟：李白葬于当涂县的青山西北面。

临泉清眺图　清·华喦

庆东原·西皋亭适兴①

qìng dōng yuán · xī gāo tíng shì xìng

薛昂夫 xuē áng fū

兴为催租败②，欢因送酒来。酒
xìng wéi cuī zū bài   huān yīn sòng jiǔ lái   jiǔ

酣时诗兴依然在。黄花又开，朱颜未
hān shí shī xìng yī rán zài   huáng huā yòu kāi   zhū yán wèi

衰③，正好忘怀。管甚有监州，不可
shuāi   zhèng hǎo wàng huái   guǎn shèn yǒu jiān zhōu   bù kě

无螃蟹④。
wú páng xiè

注释： ①**西皋亭：** 在浙江杭县东北有皋亭山，西皋亭当在这里。②**兴为催租败：** 意为因催租败坏了诗兴。据宋僧惠洪《冷斋夜话》卷四载：宋潘大临答友人索诗说："昨日得一佳句'满城风雨近重阳'，忽催租人至，遂败意，只此一句奉寄。"③**朱颜未衰：** 指喝醉了酒，脸上红光焕发，好像青春犹在。④**"管甚"二句：** 意为不管你什么监州不监州，我只要有螃蟹就酒吃就可以。监州，官名，即通判，常与知州争权。

太白醉酒图　清·苏六朋

(221)

shān pō yáng
山坡羊·西湖杂咏

xī hú zá yǒng

xuē áng fū
薛昂夫

chūn
春

shān guāng rú diàn　　hú guāng rú liàn　　yí bù
山光如淀①，湖光如练②，一步
yí gè shēng xiāo miàn　kòu bū xiān　　fǎng pō xiān　jiǎn
一个生绡面③。叩逋仙④，访坡仙⑤，拣
xī hú hǎo chù dōu yóu biàn　　guǎn shèn yuè míng guī lù
西湖好处都游遍，管甚月明归路
yuǎn　chuán　xiū fàng zhuǎn　　bēi　xiū fàng qiǎn
远。船，休放转⑥；杯，休放浅。

注释：①淀：通"靛"，青黑色染料。②练：洁白的熟绢绸。③生绡：未漂煮的丝织品，古人用以作画。这里即代指画卷。④叩：问，探询，拜访。⑤坡仙：指苏东坡。⑥放：教、使。

西湖纪胜图之灵隐寺　明·孙枝

山坡羊 shān pō yáng · 西湖杂咏 xī hú zá yǒng

薛昂夫 xuē áng fū

夏 xià

晴云轻漾 qíng yún qīng yàng，薰风无浪 xūn fēng wú làng①，开樽避 kāi zūn bì
暑争相向 shǔ zhēng xiāng xiàng②。映湖光 yìng hú guāng，逞新妆 chěng xīn zhuāng，笙歌 shēng gē
鼎沸南湖荡 dǐng fèi nán hú dàng，今夜且休回画舫 jīn yè qiě xiū huí huà fǎng。风 fēng，
满座凉 mǎn zuò liáng；莲 lián，入梦香 rù mèng xiāng。

注释：①薰风：和风、初夏的东南风、暖风。②开樽：饮酒。相向：相对。

山水人物图之竹亭观荷　清·袁　江

223

chǔ tiān yáo dài guò qīng jiāng yǐn

楚天遥带过清江引①

xuē áng fū

薛昂夫

qū zhǐ shǔ chūn lái　　tán zhǐ jīng chūn qù　　zhū
屈指数春来，弹指惊春去②。蛛

sī wǎng luò huā　　yě yào liú chūn zhù　　jǐ rì xǐ chūn
丝网落花，也要留春住。几日喜春

qíng　　jǐ yè chóu chūn yǔ　　liù qū xiǎo shān píng　　tí mǎn
晴，几夜愁春雨。六曲小山屏③，题满

shāng chūn jù　　chūn ruò yǒu qíng yīng jiě yǔ　　wèn zhe wú píng
伤春句。春若有情应解语，问着无凭

jù　　jiāng dōng rì mù yún　　wèi běi chūn tiān shù　　bù zhī
据。江东日暮云，渭北春天树④，不知

nǎ dá ér shì chūn zhù chù
那答儿是春住处⑤？

注释：①**楚天遥带过清江引**：为双调带过曲，句式为楚天遥，通篇五字八句四韵。清江引，七五、五五七。②**弹指**：言时光极短暂，佛教以六十五刹那为一弹指。③**曲**：曲折。**小山屏**：小幅的山水画屏。④**"江东"二句**：用唐杜甫《春日忆李白》："渭北春天树，江东日暮云。"暗寓伤别怀人之思。⑤**那答儿**：哪里，哪边。

江亭晚眺图　南宋·佚名

224 楚天遥带过清江引

薛昂夫

有意送春归，无计留春住。明年又着来①，何似休归去。桃花也解愁，点点飘红玉。目断楚天遥②，不见春归路。春若有情春更苦，暗里韶光度③。夕阳山外山，春水渡旁渡④，不知那答儿是春住处？

注释：①着：叫、让。②楚天：南天，因为楚在南方。③韶光：春光，比喻美好的年华。④"夕阳"二句：袭用宋戴复古《世事作》诗句："春水渡傍渡，夕阳山外山。"

观瀑图 南宋·佚名

225

叨叨令·道情①

dāo dāo lìng

dào qíng①

dèng yù bīn
邓玉宾

一个空皮囊包裹着千重气②，一个干骷髅顶戴着十分罪。为儿女使尽了拖刀计③，为家私费尽了担山力④。你省的也么哥⑤，你省的也么哥，这一个长生道理何人会？

注释：①叨叨令：属正宫调，句式为七七七七、五五七。中衬衬字"也么哥"。道情：鼓词的一种，本为道士所唱，宣扬离情绝俗，后为民间曲艺形式之一，亦常以警世劝俗为内容。②空皮囊：比喻肉体躯壳有如一个空皮袋子。千重气：古人以为人禀天地之气而生。这里是指各种气恼烦人之事。③拖刀计：古代一种战法，在战斗中佯装战败，拖长柄大刀而走，诱敌来追，然后乘敌方追赶不备，回身挥刀杀敌。此处比喻挖空心思用尽计谋。④家私：家业。担山力：比喻超乎寻常的气力。⑤省：醒悟、领会。也么哥：也作"也波哥"。元曲中常用的衬词，无义。

骷髅幻戏图
宋·李嵩

226 雁儿落带过得胜令·闲适

邓玉宾

乾坤一转丸①，日月双飞箭。浮生梦一场②，世事云千变。万里玉门关③，七里钓鱼滩④。晓日长安近⑤，秋风蜀道难。休干⑥，误杀英雄汉。看看⑦，星星两鬓斑。

注释：①乾坤：天地。转丸：比喻天地运动流转不息像弹丸一般，显示天地之小，也比喻万物无常，变化快。②浮生：人生。《庄子·刻意》："其生若浮，其死若休。"③万里玉门关：玉门关，古代通西域的门户，故址在今敦煌市西北。此句化用东汉名将班超故事。班超壮年时投笔从戎，后出使西域，出生入死，平定匈奴有功，晚年有"但愿生入玉门关"之叹。④七里钓鱼滩：用严子陵归隐七里钓鱼滩典故。⑤晓日长安近：据《晋书·明帝纪》：明帝少时，父元帝问明帝："日与长安孰远？"对曰："长安近。不闻人从日边来。"明日，元帝又问他同一问题，明帝却回答："日近。举头则见日，不见长安。"后多以"日近长安远"比喻帝京遥远。⑥休干：不要求取功名富贵。干，求取。⑦看看：眼看、转瞬之意。

杨柳青木版年画·文艳王奉命归故里

227

寄生草^①·感世
jì shēng cǎo gǎn shì

查德卿
zhā dé qīng

姜太公贱卖了磻溪岸^②，韩元帅命博得拜将坛^③。羡傅说守定岩前版^④，叹灵辄吃了桑间饭^⑤，劝豫让吐出喉中炭^⑥。如今凌烟阁一层一个鬼门关^⑦，长安道一步一个连云栈^⑧。

注释：①寄生草：北曲仙宫曲牌。②磻溪：在今陕西宝鸡市东南。相传姜太公（吕尚）曾在这里垂钓遇到周文王，后辅佐武王灭纣。贱卖，说其不值，不该出仕，不该轻易罢隐做官。③韩元帅：韩信。汉高祖筑坛斋戒，拜他为大将。韩信在"灭项兴刘"的斗争中，建立了十大功劳，后被吕后杀害。此处说韩信是用生命为代价才得到拜将封王的名位。④傅说：殷高宗时贤相，曾在傅岩做奴隶筑墙，后被殷高宗举为相，殷国大治。版，版筑，筑墙。⑤灵辄：晋灵公时人，家境贫穷，打猎时遇到赵宣子，大夫赵宣子让人送饭给他和他母亲吃。灵辄知恩图报。后灵辄在晋灵公属下从军，晋灵公派灵辄刺杀赵宣子，灵辄却为报一饭之恩而倒戈相救。⑥豫让：原是智伯的家臣，后来智伯被韩、赵、魏三家所灭，他认为"士为知己者死"，乃"漆身为癞，吞炭为哑"，毁形变容，为智伯报仇。事败被杀。见《史记·刺客列传》。⑦凌烟阁：唐太宗为表彰大功臣而建的高阁，阁上绘有功臣图像。后以此喻褒扬功臣的场所。⑧长安道：喻指仕途。连云栈：与云相接高悬云天的险恶的栈道。此句形容仕途艰难。

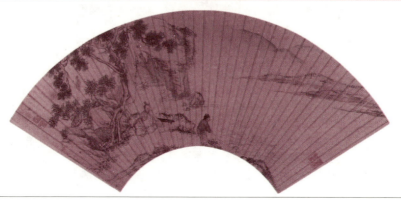

江岸停琴图 明·仇英

228 寄生草·间别①

查德卿

姻缘簿剪做鞋样②，比翼鸟搏了翅翰③。火烧残连理枝成炭，针签瞎比目鱼儿眼④。手揉碎并头莲花瓣。掷金钗擿断凤凰头⑤，绕池塘捽碎鸳鸯弹⑥。

注释：①间别：指夫妻或情人遭人离间而分手。②姻缘簿：缔结婚姻的文书簿册。③比翼鸟：相传比翼鸟一目一翅，须两只比翼鸟并拢挨靠才能飞，比喻形影不离的爱侣。搏：通"膊"，分裂肢体。翅翰：翅膀。翰，鸟的羽毛。④签瞎：刺瞎。⑤擿：摔、跌。⑥捽：抓。弹：指禽鸟的蛋。

荷花鸳鸯图 清·唐艾

243

一半儿·拟美人八咏
yí bàn ér · nǐ měi rén bā yǒng

查德卿
zhā dé qīng

春梦
chūn mèng

229

梨花云绕锦香亭①，蝴蝶春融软
lí huā yún rào jǐn xiāng tíng   hú dié chūn róng ruǎn

玉屏，花外鸟啼三四声。梦初惊，一
yù píng   huā wài niǎo tí sān sì shēng   mèng chū jīng   yí

半儿昏迷一半儿醒。
bàn ér hūn mí yí bàn ér xǐng

梨花仕女图 清·沙馥

春困 (chūn kùn)

琐窗人静日初曛②，宝鼎香消火尚温③，斜倚绣床深闭门。眼昏昏，一半儿微开一半儿盹④。

> 注释：①云绕：如彩云缭绕。锦香亭：繁花似锦的园亭。②琐窗：镂刻有连锁图案的窗棂。曛：日落、黄昏。③宝鼎：香炉。④盹：目光迟钝貌。

晓寒图　清·改　琦

231

春妆
chūn zhuāng

自将杨柳品题人①，笑捻花枝比较春，输与海棠三四分。再偷匀②，一半儿胭脂一半儿粉。

注释：①自将：自取、自拿。品题：评赏。②匀：调匀脂粉，化妆美容。

荷塘仕女图　清·樊　虚

春愁
chūn chóu

厌听野雀语雕檐，怕见杨花扑
yàn tīng yě què yǔ diāo yán　pà jiàn yáng huā pū

绣帘，拈起绣针还倒拈。两眉尖，一
xiù lián　niān qǐ xiù zhēn hái dào niān　liǎng méi jiān　yí

半儿微舒一半儿敛。
bàn ér wēi shū yí bàn ér liǎn

缝衣图 清·吴 求

233

chūn zuì

春 醉

hǎi táng hóng yùn rùn chū yán　　yáng liǔ xì yāo wǔ
海棠红晕润初妍^①，杨柳细腰舞
zì piān　　xiào yǐ yù nú jiāo yù mián　　fěn láng qián
自偏，笑倚玉奴娇欲眠^②。粉郎前^③，
yí bàn ér zhī wú yí bàn ér ruǎn
一半儿支吾一半儿软。

注释：①"海棠"句：化用杨贵妃酒醉唐玄宗以"海棠睡未足"比喻其醉态的典故。妍：美丽。②玉奴：梅花的别名。③粉郎：这里指情郎。

杨柳青木版年画·楚灵王贪恋细腰宫

234

春绣
chūn xiù

绿窗时有唾茸粘①，银甲频将彩线捋②。绣到凤凰心自嫌③。按春纤④，一半儿端相一半儿掩⑤。

lǜ chuāng shí yǒu tuò róng zhān，yín jiǎ pín jiāng cǎi xiàn xián，xiù dào fèng huáng xīn zì xián。àn chūn xiān，yí bàn ér duān xiàng yí bàn ér yǎn。

注释：①唾茸：指刺绣时吐出用嘴咬断的丝线头。茸，同"绒"，刺绣用丝线。②银甲：形容女子晶莹如雪的指甲。捋：扯，拔取。③自嫌：自怨自艾，不高兴。④春纤：形容女子的手指纤细。⑤端相：审视，仔细地看。

海峤春华图　清·袁　耀

(235)

chūn yè
春 夜

liǔ mián pū jiàn wǎn fēng qīng　huā yǐng héng chuāng dàn
柳绵扑槛晚风轻，花影横窗淡

yuè míng　cuì bèi shè lán xūn mèng xǐng　zuì guān qíng
月明，翠被麝兰熏梦醒。最关情①，

yí bàn ér wēn xīn yí bàn ér lěng
一半儿温馨一半儿冷。

注释：①关情：牵动情怀。

水殿柳风图　清·袁　江

春情
chūn qíng

自调花露染霜毫①，一种春心
zì tiáo huā lù rǎn shuāng háo　　yì zhǒng chūn xīn

无处托，欲写又停三四遭。絮叨叨，
wú chù tuō　yù xiě yòu tíng sān sì zāo　　xù dāo dāo

一半儿连真一半儿草②。
yí bàn ér lián zhēn yí bàn ér cǎo

注释：①霜毫：指毛笔。②真：指真书，即汉字的正楷。草：指草书。

吮笔敲诗图　清·范雪仪

251

237

殿前欢^①

diàn qián huān

吴西逸
wú xī yì

懒云巢^②，碧天无际雁行高。玉箫鹤背青松道，乐笑逍遥。溪翁解冷淡嘲^③，山鬼放揶揄笑^④，村妇唱糊涂调。风涛险我，我险风涛^⑤。

注释：①殿前欢：本曲为和阿里西瑛《殿前欢·懒云窝自叙》之作，共六首，所选二首为第三、第六首。懒云窝是阿里西瑛的寓所。②懒云巢：懒云窝。③溪翁：指溪谷隐逸之士。解：懂得，领悟。④山鬼：山精，传说中的山间怪兽，人形有毛。放：发。揶揄：戏弄、耍笑。⑤险：这里是远离、远避之义。

风林观雁图　明·张路

238

殿前欢
diàn qián huān

吴西逸
wú xī yì

懒云凹，按行松菊讯桑麻①。声
名不在渊明下，冷淡生涯。味偏长凤
髓茶②，梦已随蝴蝶化③，身不入麒
麟画④。莺花厌我⑤，我厌莺花。

注释：①按行：巡行。讯桑麻：指询问农作物的生长情况。②凤髓茶：茶名。③梦已随蝴蝶化：化用庄周梦蝶的典故。④麒麟画：指汉未央宫麒麟阁上所画的功臣图。⑤莺花：莺啼花放，指春景，这里借指世俗的荣华。此二句是说荣华与自己无缘，自己也厌弃荣华。

仕女屏之竹荫铅椠图　清·陈　字

(239) 雁儿落带过得胜令·叹世

吴西逸

春花闻杜鹃①，秋月看归燕。人情薄似云，风景疾如箭②。留下买花钱③，趱入种桑园④。茅盖三间厦⑤，秧肥数顷田。床边放一册冷淡渊明传，窗前抄几首清新杜甫篇。

注释：①杜鹃：又名子规、催归、杜宇，啼声似说"不如归去"，相传为古蜀国君主望帝魂魄所化。②风景疾如箭：形容风光景物转眼即变，光阴似箭。③留下买花钱：古代有富户买花习俗，动辄耗费重金："一束深色花，十户中人赋。"此处的买花钱是借指消闲享乐的费用。④趱：通"攒"，积聚。此句是说节约消闲享乐的开支，把钱积聚起来，投入农桑生产。⑤盖：一作苫。

江田种秫图 清·萧晨

梧叶儿·春情
wú yè ér chūn qíng

吴西逸
wú xī yì

香随梦，肌褪雪①，锦字记离别②。春去情难再，更长愁易结③。花外月儿斜，淹粉泪微微睡些④。

xiāng suí mèng，jī tùn xuě，jǐn zì jì lí bié。chūn qù qíng nán zài，gēng cháng chóu yì jié。huā wài yuè ér xié，yān fěn lèi wēi wēi shuì xiē。

注释：①**梧叶儿：**商调曲牌，又名《碧梧秋》《知秋令》。**肌褪雪：**指美人雪白的肌肤逐渐消瘦。褪，消减。②**锦字：**用锦织成的字。前秦秦州刺史窦滔在外地做官，其妻苏氏用锦织成回文璇玑图诗赠夫，表达凄婉思念之情。后以"锦字"称妻子寄给丈夫的书信。③**更：**古代夜间报时的更鼓。每夜五个更次，每更时限固定。④**淹：**同"掩"。

千秋绝艳图之苏若兰　明·佚名

241

shuǐ xiān zǐ
水仙子·山居自乐

shān jū zì lè

sūn zhōu qīng
孙周卿

zhāo yín mù zuì liǎng xiāng yí　huā luò huā kāi zǒng
朝吟暮醉两相宜，花落花开总

bù zhī　　xū míng jiáo pò wú zī wèi　bǐ xián rén rě
不知①，虚名嚼破无滋味，比闲人惹

shì fēi　dàn jiā sī fù yǔ shān qī　shuǐ duì lǐ chōng
是非②。淡家私付与山妻③，水碓里春

lái mǐ　　shān zhuāng shàng shàn le jī　shì shì xiū tí
来米④，山庄上线了鸡⑤，事事休提。

注释：①总：完全，俱。②比：相同，好像。此两句是说功名都是虚空之物，看破了毫无滋味，不过像闲人招惹是非一样无聊。③淡家私：薄家产。山妻：自称其妻的谦辞。④水碓：靠水力春米的工具。⑤线：通"骟"，阉割。

夏日山居图　清·唐　岱

242

沉醉东风·宫词

孙周卿
sūn zhōu qīng

双拂黛停分翠羽①，一窝云半
shuāng fú dài tíng fēn cuì yǔ　yì wō yún bàn

吐犀梳②。宝靥香③，罗襦素④，海棠娇
tǔ xī shū　bǎo yè xiāng　luó rú sù　hǎi táng jiāo

睡起谁扶⑤。肠断春风倦绣图，生怕
shuì qǐ shuí fú　cháng duàn chūn fēng juàn xiù tú　shēng pà

见纱窗唾缕⑥。
jiàn shā chuāng tuò lǚ

注释：①双拂黛：双眉。拂黛，用画眉的螺黛（青黑色颜料）拂掠。停分：均分、平分。
翠羽：翠绿色的鸟羽，这里比喻黛眉。②一窝云：形容女子蓬松如云的头发如一窝
彩云。半吐犀梳：指插在头发中的犀角梳子隐约可见。③宝靥：俗名靥子，古代妇
女的一种面部化妆。④罗襦：用轻柔丝织品制作的短袄、短衣。⑤海棠娇睡：化用
杨贵妃典故。杨贵妃酒醉，唐玄宗召见她，命人搀扶她来，戏称她"如海棠春睡"。
⑥唾缕：唾绒。

人物故事图之贵妃晓妆　明·仇英

243

chén zuì dōng fēng
沉醉东风·宫词
gōng cí

sūn zhōu qīng
孙周卿

huā yuè xià wēn róu zuì rén　jǐn táng zhōng xiào yǔ
花月下温柔醉人，锦堂中笑语
shēng chūn　yǎn dǐ qíng　xīn jiān hèn　dào duō rú chǔ yǔ
生春。眼底情，心间恨，到多如楚雨
wū yún　mén yǎn huáng hūn yuè bàn hén　shǒu dǐ zhe yá
巫云①。门掩黄昏月半痕，手抵着牙
ér zì shěn
儿自哂②。

注释：①多如：多于。楚雨巫云：指男女欢会。此处指自然界的云雨。②哂：讥笑，嘲笑。

春庭行乐图 明·佚名

244

醉太平·寒食^①

王元鼎

声声啼乳鸦^②，生叫破韶华^③。夜深微雨润堤沙，香风万家。画楼洗尽鸳鸯瓦^④，彩绳半湿秋千架。觉来红日上窗纱^⑤，听街头卖杏花。

注释：①寒食：节令名，在清明前一二日。此题共四首，所选为第二首。②乳鸦：幼鸦，雏鸦。③生：硬是，偏是。叫破：啼遍。韶华：美好春光。④鸳鸯瓦：屋瓦均为一俯一仰相嵌合，故称。⑤觉：睡醒。

月曼清游图之院落秋千 清·陈枚

259

245

luò méi fēng
落梅风

ā lǔ wēi
阿鲁威

qiān nián diào　　yí dàn kōng　　wéi yǒu zhǐ qián huī
千年调①，一旦空，惟有纸钱灰
wǎn fēng chuī sòng　　jìn shǔ juān tí xuè yān shù zhōng　　huàn
晚风吹送。尽蜀鹃啼血烟树中②，唤
bù huí yì chǎng chūn mèng
不回一场春梦③。

注释：①千年调：指长久的理想、打算，化用唐王梵志诗"世无百年人，拟作千年调。打
铁作门限，鬼见拍手笑"诗意。②蜀鹃啼血：传说杜鹃鸟为古蜀国君主望帝的精魂
所化成，每年暮春时节，哀啼不止，直到口中流血还不休。③一场春梦：比喻繁花
似锦的人生到头来空幻如梦。

赏月图
清·丁观鹏

殿 前 欢
diàn qián huān

卫立中
wèi lì zhōng

碧云深，碧云深处路难寻。数
椽茅屋和云赁①，云在松阴。挂云
和八尺琴②，卧苔石将云根枕③，折梅
蕊把云梢沁④。云心无我，云我无心⑤。

注释： ①椽：房屋单位的计量词，数椽即数间。和：连着。赁：租借，租赁。②云和：山名，以出产名贵琴瑟著称。③云根：指山石。④沁：渗进，浸透。此句指梅蕊高入云霄，浸透了高空云雾之气。⑤"云心"二句：是说云我融为一体。陶渊明《归去来兮辞》："云无心以出岫。"此二句暗用其意。

坐看云起图　元·盛懋

247

殿前欢·省悟

李伯瞻

去来兮^①！黄鸡啄黍正秋肥。寻常老瓦盆边醉^②，不记东西。教山童替说知^③：权休罪^④，老弟兄行都申意^⑤。今朝溷扰^⑥，来日回席。

注释：①去来兮：归去来兮，意思是回家去吧。②寻常：常常。③教：叫。替：代替。④权：姑且、暂且。休罪：不要怪罪。⑤行：用于名词或代词后表复数，相当于"们""等"。一说行指指行辈。申意：致意。表明，使人明白心意。⑥溷扰：打扰、叨扰。

山庄客至图　清·袁　耀

248 昼夜乐^①·冬

赵显宏

风送梅花过小桥，飘飘，飘飘地乱舞琼瑶^②。水面上流将去了，觑绝时落英无消耗^③，似那人水远山遥。怎不焦？今日明朝，今日明朝，

仕女图之玉梅花下交三九　清·胡锡珪

又不见他来到。佳人佳人多命薄，今遭，难逃，难逃他粉悴烟憔④，直恁般鱼沉雁杳⑤。谁承望拆散了鸾凰交⑥，空教人梦断魂劳。心痒难揉，心痒难揉，盼不得鸡儿叫。

注释：①昼夜乐：曲牌名，句式为上片七二、七七、七七、三四四六；下片七二二、七七、七七、四四六。其中第三句首二字须叠上句，第八、第九两个四字句须叠用。本篇为作者四季组曲的一首。②琼瑶：美玉，比喻梅花。③觑绝：看不见。落英：落花。消耗：消息，音讯。④粉悴烟憔：意为懒施粉脂，女子形容憔悴。⑤直恁般：就这样。鱼沉雁杳：比喻书信断绝。鱼、雁，指书信。⑥鸾凰交：比喻夫妇、情侣的交谊。

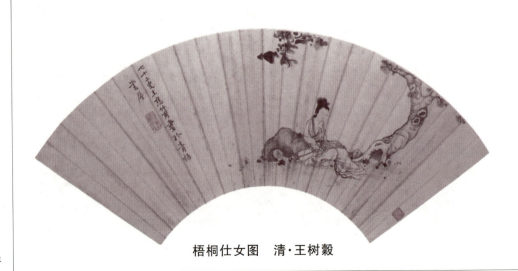

梧桐仕女图　清·王树毂

殿前欢·闲居

赵显宏

去来兮！东林春尽蕨芽肥①。回头那顾名和利，付与希夷②。下长生不死棋，养三寸元阳气③，落一觉浑沦睡④。莺花过眼⑤，鸥鹭忘机⑥。

注释：①东林：指晋名僧慧远所居庐山东林寺。蕨：一种野生植物，嫩叶可食，又名蕨菜。②希夷：指北宋初著名道士陈抟，宋太宗赐号"希夷先生"。相传他入睡百日不醒。③元阳气：中医谓人体元气之根本为元阳气，藏于丹田，在脐下三寸之处。④浑沦睡：形容睡得很安稳。浑沦，即混沌，形容醅然无知。⑤莺花过眼：比喻富贵繁华如过眼云烟。⑥鸥鹭忘机：意谓山野隐居之人常与鸥鹭水鸟相伴，已泯除了世俗欺诈机巧之心，具有淡泊宁静的心境。

曹曹一睡希夷老，踽踽独行彭泽翁　清·任　熊

殿前欢·闲居

diàn qián huān
xián jū

赵显宏 zhào xiǎn hóng

去来兮！桃花流水鳜鱼肥^①。山蔬野菜偏滋味^②，旋泼新醅^③。胡寻些东与西^④，拼了个醒而醉，不管他天和地。盆干瓮竭，方许逃席。

注释：①鳜鱼肥：化用唐张志和《渔父》词句："西塞山前白鹭飞，桃花流水鳜鱼肥。"②偏：多、最、特有。③旋泼新醅：指新酿而未过滤的酒。旋，刚刚。泼，通"酦"，酿造。④东与西：东西，这里指盛酒的器具。

小立满身花影图 清·改琦

251

殿前欢·题歌者楚云
赵显宏

楚云闲①，任他孤雁叫苍寒②。去留舒卷无心惯③，聚散之间。趁西风出远山，随急水流深涧，为暮雨迷霄汉④。阳台事已⑤，秦岭飞还⑥。

注释：①楚云：楚天的流云。这里谐音作者所题赠的歌妓"楚云"名。闲：悠闲自在意。②苍寒：此处指苍天。③无心惯：无意于持久。惯，持久、固守。④"趁西"三句：以浮云的行踪不定，比喻楚云沦落风尘，俯仰随人的歌妓生涯。⑤阳台事已：借巫山云雨典故，隐喻"歌者"被召歌舞献艺或陪伴欢会事了。⑥秦岭：指终南山，在今陕西西安市南。这里暗用唐韩愈《左迁至蓝关示侄孙湘》诗："云横秦岭家何在？"既切楚云之名，又暗示其无家可归的歌妓生涯。

木落西风图 清·蔡嘉

252

殿前欢·梅花

景元启

月如牙[1]，早庭前疏影印窗纱[2]。逃禅老笔应难画[3]，别样清佳。据胡床再看咱[4]，山妻骂[5]，为甚情牵挂？大都来梅花是我[6]，我是梅花。

注释：①月如牙：指新月。②疏影：指梅花在月光映照下疏朗轻倩的姿影。③逃禅老笔：此指南宋画家杨无咎，字补之，号"逃禅老人"，擅画梅花，有词集名《逃禅》。逃禅，信奉佛禅，以逃避尘世的烦恼。老笔，犹巧笔。④据：靠着。胡床：交椅，一种可折叠的坐具，由胡地传入，又称交床、绳床。咱：语尾助词，无义。⑤山妻：对自己妻子的谦称。⑥大都来：大概，多半。

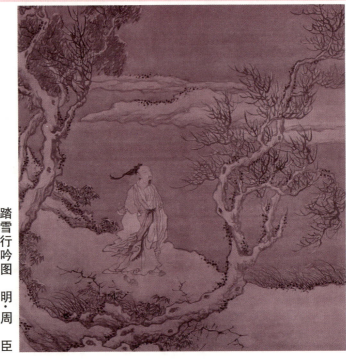

踏雪行吟图 明·周臣

253

折桂令·题金山寺①

赵禹圭

长江浩浩西来，水面云山②，山上楼台。山水相辉，楼台相映，天地安排。诗句就云山动色③，酒杯倾天地忘怀④。醉眼睁开，遥望蓬莱：一半烟遮，一半云埋。

注释：①金山寺：在江苏镇江市西北的金山上，为东晋时所建。②云山：形容山势高峻，云烟缭绕。③就：指写成。④天地忘怀：意为忘记天地间的一切事物和所有忧愁。

金山寺 清·高岑

254

醉扶归^①

吕止庵

频去教人讲^②,不去自家忙^③。若得相思海上方^④,不道得害这些闲魔障^⑤。你笑我眠思梦想,只不打到你头直上^⑥。

注释:①醉扶归:仙吕宫曲牌,句式为五五、七五、七五。②频:频繁。③忙:此处指内心忙乱、急迫不安。④海上方:指医治相思病的仙方。秦始皇曾派方士到海上去寻求长生不老的药方,因称仙方为"海上方。"⑤不道得:用不着,不至于。害:招致。魔障:佛家语,魔王所设的障碍。本指能夺人生命、障碍人做善事的恶鬼神,泛指意外、波折。此处指相思病。⑥打到:轮到,碰到。头直上:头上。直上,上面。

扶醉图 宋·钱 选

拔不断·闲乐
bō bù duàn · xián lè

吴弘道
wú hóng dào

泛浮槎①，寄生涯，长江万里秋
fàn fú chá   jì shēng yá   cháng jiāng wàn lǐ qiū

风驾。稚子和烟煮嫩茶②，老妻带月
fēng jià   zhì zǐ huò yān zhǔ nèn chá   lǎo qī dài yuè

炰新鲊③。醉时闲话。
páo xīn zhǎ   zuì shí xián huà

注释：①泛浮槎：泛舟漫游。浮槎，用竹木编成的筏，此指小船。②和烟：置身在炊烟
中。和，掺杂义。③炰：蒸煮。鲊：腌鱼、熏鱼之类。

荷净纳凉图 清·袁江

256

bō bù duàn
拨不断·闲乐

xián lè

wú hóng dào
吴弘道

lì míng wú　huàn qíng shū　péng zé shēng dǒu wēi
利名无，宦情疏，彭泽升斗微

guān lù　　dù yú shí cán jià shàng shū　xiǎo shuāng huāng
官禄①。蠹鱼食残架上书②，晓霜荒

jìn lí biān jú　bà guān guī qù
尽篱边菊。罢官归去！

注释：①彭泽：县名，在今江西省。陶渊明曾任彭泽令，以不为五斗米折腰辞官回乡隐居。②蠹鱼：蛀蚀书籍、衣服的小虫，色银白似鱼，故名。

257 清江引（一）

钱霖 qián lín

梦回昼长帘半卷，门掩荼蘼
院①。蛛丝挂柳绵，燕嘴粘花片，啼
莺一声春去远。

注释：①荼蘼：草本花名，初夏开花，花单生，白色，又作酴蘼。

月曼清游图册之闲敲围棋 清·陈 枚

258

清江引（二）

qīng jiāng yǐn èr

qián lín
钱霖

ēn qíng yǐ suí wán shàn xiē cuán dào chóu shí
恩情已随纨扇歇^①，攒到愁时

jié wú tóng yí yè qiū zhēn chǔ qiān jiā yuè duō
节^②。梧桐一叶秋，砧杵千家月^③，多

de shì jǐ shēng ér yán wài tiě
的是几声儿檐外铁^④。

注释：①纨扇：细绢制成的团扇，盛夏常用，入秋后就被弃置，常用来比喻女子被遗弃的悲剧命运。汉班婕妤写《团扇曲》即用团扇喻皇帝恩情断绝宫妃被遗弃。②攒：积聚。③砧杵：浣洗衣物时用的捣衣垫石和棒槌。此句指古代妇女秋凉时在月光下为丈夫捣制寒衣。④檐外铁：铁马、檐马，也就是风铃，悬在屋檐下，风吹时玎玎作响。

仿王鹿公团扇图　清·改　琦

259 醉高歌过摊破喜春来① ·旅中

顾德润

长江远映青山，回首难穷望眼。扁舟来往蒹葭岸②，烟锁云林又晚。篱边黄菊经霜暗，囊底青蚨逐日悭③。破清思晚砧鸣④，断愁肠檐马韵⑤，惊客梦晓钟寒。归去难！修一缄⑥，回两字寄平安。

注释：①醉高歌过摊破喜春来：此曲为中吕宫带过曲。句式：《醉高歌》为六六七六，《摊破喜春来》为七七、六六六、三五。②扁舟：小船。蒹葭：芦苇。③青蚨：钱的代称。悭：欠缺、减少。此句是说口袋里的钱一天比一天少。④晚砧：黄昏时的捣衣声。⑤檐马韵：风吹檐间的风铃发出有节奏的响声。⑥缄：将信封上口，又代指书信。

扁舟图 清·王原祁

(260)

醉太平①

zuì tài píng

曾瑞
zēng ruì

相邀士夫②,笑引奚奴③。涌金门
xiāng yāo shì fū　　xiào yǐn xī nú　　yǒng jīn mén

外过西湖④,写新诗吊古。苏堤堤上
wài guò xī hú　　xiě xīn shī diào gǔ　　sū dī dī shàng

寻芳树,断桥桥畔沽醽醁⑤,孤山山
xún fāng shù　　duàn qiáo qiáo pàn gū líng lù　　gū shān shān

下酬林逋⑥。洒梨花暮雨。
xià chóu lín bū　　sǎ lí huā mù yǔ

注释:①**醉太平:**正宫调曲牌,又名《凌波曲》,句式为四四七四、七七七四。②**士夫:**士大夫的略称,指封建社会已入仕和未入仕的文人、士族,也作男子的通称。③**奚奴:**仆役、仆人。④**涌金门:**旧称丰豫门,为杭州城门名,有涌金河通西湖。⑤**断桥:**又名段家桥,在杭州西湖白堤入口处。**醽醁:**美酒名。⑥**孤山:**在西湖中,处于里、外湖之间,一屿耸立,旁无联附,故名。**酬:**奉和。这里是指诗兴受到林逋的启发。**林逋:**宋初著名隐士,以爱梅著称,隐居于西湖孤山。

水仙子·自足
shuǐ xiān zǐ · zì zú

杨朝英 (yáng cháo yīng)

杏花村里旧生涯，瘦竹疏梅处士家①，深耕浅种收成罢。酒新篘，鱼旋打②，有鸡豚竹笋藤花③。客到家常饭，僧来谷雨茶④，闲时节自炼丹砂⑤。

注释：①处士：有才德隐居不仕的人。②篘：用竹篾编成的滤酒用的器具。旋打：刚刚打上来。③豚：小猪。④谷雨茶：谷雨时节采摘的新茶。⑤丹砂：朱砂，矿物名，道家炼丹多用。

杨柳青木版年画·杏花村图

清江引
qīng jiāng yǐn

yáng cháo yīng
杨朝英

qiū shēn zuì hǎo shì fēng shù yè　rǎn tòu xīng xīng
秋深最好是枫树叶，染透猩猩
xuè　fēng niàng chǔ tiān qiū　shuāng jìn wú jiāng yuè
血①。风酿楚天秋②，霜浸吴江月③。
míng rì luò hóng duō qù yě
明日落红多去也！

注释：①猩猩血：比喻枫叶的颜色鲜红。②酿：本意是酿酒，此处引申为酝酿、促成、加深的意思。楚天：南方天空。③吴江：吴淞江，这里泛指南方的河流。

拟秋稔图　清·袁　耀

263

梧叶儿·客中闻雨

杨朝英

檐头溜^①，窗外声，直响到天明。滴得人心碎，聒得人梦怎成^②？夜雨好无情，不道我愁人怕听^③。

注释：①檐头溜：屋檐下的滴水。②聒：嘈杂吵闹。③不道：不顾、不管。

潇湘烟雨图　清·袁　耀

264

太 常 引 ①

刘燕歌

故人别我出阳关②，无计锁雕鞍③。今古别离难，蹙损了蛾眉远山④。

一尊别酒，一声杜宇，寂寞又春残。明月小楼间，第一夜相思泪弹。

注释：①太常引：仙吕宫曲牌，句式为七五、五七，四四五、五七。②故人：旧交、老友。阳关：在今甘肃敦煌市西南，为汉置的古代通西域的要塞，泛指离别之地。③无计：没有办法。锁雕鞍：锁住鞍马，意为留住离人。雕鞍，借指坐骑。④蛾眉远山：指美女的秀眉。远山，以山比喻女子美丽的眉毛。

都门柳色图　明·文伯仁

265

太常引①

奥敦周卿

西湖烟水茫茫，百顷风潭，十里荷香。宜雨宜晴，宜西施淡抹浓妆②。尾尾相衔画舫，尽欢声无日不笙簧③。春暖花香，岁稔时康④。真乃上有天堂，下有苏杭。

注释：①太常引：本曲牌，《金元散曲》作《双调·蟾宫曲》。蟾宫曲句式一般为六四四、四四四、七七、四四四。其中第五、第六两个四字句，可合并为上三下四的七字句。②"宜雨宜晴"二句：化用苏轼《饮湖上初晴后雨》"欲把西湖比西子，淡妆浓抹总相宜"诗句意。③笙簧：本指有弹片的管乐器，这里泛指演奏器乐或乐声。④稔：庄稼成熟，此指丰收。

西湖纪胜图之柳洲亭　明·孙枝

266

殿前欢·懒云窝自叙
diàn qián huān · lǎn yún wō zì xù

阿里西瑛
ā lǐ xī yīng

懒云窝①，醒时诗酒醉时歌。瑶
lǎn yún wō　　xǐng shí shī jiǔ zuì shí gē　yáo

琴不理抛书卧，无梦南柯②。得清闲
qín bù lǐ pāo shū wò，wú mèng nán kē　dé qīng xián

尽快活，日月似穿梭过，富贵比花
jìn kuài huó，rì yuè sì chuān suō guò，fù guì bǐ huā

开落。青春去也，不乐如何！
kāi luò。qīng chūn qù yě，bù lè rú hé！

注释：①**懒云窝**：作者居所，在吴城（今江苏苏州）东北隅。作者以此为题作曲三首自
述，和者甚多。②**无梦南柯**：指无心于功名富贵。**南柯**：唐代李公佐传奇小说《南
柯太守传》，写书生淳于棼醉卧中梦至槐安国，成为驸马，尽享荣华富贵，梦醒后
才知道梦中的槐安国实为古槐树下一大蚁穴。

松下赏月图　南宋·佚 名

267

diàn qián huān
殿前欢·懒云窝自叙
lǎn yún wō zì xù

阿里西瑛
ā lǐ xī yīng

懒云窝，客至待如何？懒云窝
lǎn yún wō kè zhì dài rú hé lǎn yún wō

里和衣卧，尽自婆娑①。想人生待则
lǐ hé yī wò jìn zì pó suō xiǎng rén shēng dài zé

么②？贵比我高些个，富比我忩些
me guì bǐ wǒ gāo xiē gè fù bǐ wǒ sōng xiē

个③。呵呵笑我，我笑呵呵。
gè hē hē xiào wǒ wǒ xiào hē hē

注释：①婆娑：舒展、自由、盘旋、逍遥。②待则么：将要怎么，意待如何，要待何求。
则么：怎么。③忩：义同"悤"，宽裕、宽松。

唐人诗意图之秋馆池塘荷叶后 明·陆治

268 寨儿令 鲜于必仁

汉子陵①，晋渊明，二人到今香汗青②。钓叟谁称，农父谁名，去就一般轻③。五柳庄月朗风清④，七里滩浪稳潮平⑤。折腰时心已愧，伸脚处梦先惊⑥。听，千万古圣贤评。

注释：①子陵：东汉隐士严光，字子陵。②香：指流芳。汗青：指史册。古人在竹简上记事，须用火将青竹片烤出水分才容易书写，故称竹简为汗青。③去就：去留，进退。④五柳庄：陶渊明居归隐处。陶渊明因宅旁有柳树五株，自号"五柳先生"。⑤七里滩：东汉严子陵隐居垂钓的地方。⑥伸脚处梦先惊：严子陵隐居富春山，汉光武帝刘秀曾把他召去，并同卧一榻。睡熟后严把脚伸在光武帝肚皮上。曲中用此典故，意为陪伴君王动辄肉跳心惊，很不自在。

松湖钓隐图 南宋·佚名

269

折桂令·诸葛武侯[1]

鲜于必仁

草庐当日楼桑[2]，任虎战中原[3]，龙卧南阳[4]。八阵图成[5]，三分国峙[6]，万古鹰扬[7]。《出师表》谋谟庙堂[8]，《梁甫吟》感叹岩廊[9]。成败难量，五丈秋风[10]，落日苍茫。

注释：①诸葛武侯：诸葛亮，曾被三国时蜀汉后主封为武乡侯，故略称武侯。②楼桑：刘备故里，在今河北涿州市。③任：听凭，无论。虎战：形容勇猛作战。④龙卧南阳：指隐居的诸葛亮。徐庶称他"卧龙"。南阳，今河南南阳市。⑤八阵图：诸葛亮的一种布兵阵法，相传为聚石成阵。⑥三分国峙：指诸葛亮辅佐刘备，奠定基业，形成魏、蜀、吴三国鼎立的局面。⑦鹰扬：逞威扬威，或大展雄才。⑧《出师表》：诸葛亮两次写给蜀后主刘禅的表文，称前后《出师表》。谋谟庙堂：为朝廷出谋划策。⑨《梁甫吟》：一作《梁父吟》，本为乐府《楚调曲》名。传说为诸葛亮所作。作者以管仲、乐毅自比。岩廊：高峻的廊，喻指朝廷。⑩五丈：五丈原，在今陕西岐山县南，斜原口西侧。诸葛亮建兴十三年（234）秋病卒于此。

武侯高卧图 明·朱瞻基

270

dé shèng lìng
得 胜 令

zhāng zǐ jiān
张子坚

yàn bà qià chū gēng　　　　bǎi liè zhe yù pīng tíng
宴罢恰初更①，摆列着玉娉婷②。

jǐn yī dā bái mǎ　　shā lóng zhào dào xíng　　qí shēng
锦衣搭白马，纱笼照道行③。齐声，

chàng de shì　　ā nà hū shí xíng lìng　　jiǔ qiě xiū
唱的是《阿纳忽》时行令④。酒且休

zhēn ǎn dài jù yín ān mǎ shàng tīng
斟，俺待据银鞍马上听⑤。

注释：①恰：才。②玉娉婷：指亭亭玉立的美女，此处形容摆设富丽。③纱笼：纱制的灯笼。④《阿纳忽》：短幅散曲双调小令，全曲仅四句，四四六四句式，共十八字。时行令：流行的曲调。⑤待：要、打算。

秋浦并辔图　清·华嵒

271 寨儿令·叹世

zhài ér lìng tàn shì

mǎ qiān zhāi
马谦斋

手自搓，剑频磨①，古来丈夫天
shǒu zì cuō jiàn pín mó gǔ lái zhàng fū tiān

下多。青镜摩挲②，白首蹉跎③，失志
xià duō qīng jìng mó suō bái shǒu cuō tuó shī zhì

困衡窝④。有声名谁识廉颇⑤，广才
kùn héng wō yǒu shēng míng shuí shí lián pō guǎng cái

学不用萧何。忙忙的逃海滨，急急
xué bù yòng xiāo hé máng máng de táo hǎi bīn jí jí

的隐山阿⑥。今日个平地起风波。
de yǐn shān ē jīn rì gè píng dì qǐ fēng bō

注释：①剑频磨：频频磨剑，比喻胸怀壮志，准备大显身手。②青镜摩挲：对镜自照，抚镜叹息。青镜，青铜镜。摩挲，抚摸。③蹉跎：虚度光阴。④衡窝：犹言陋室。《诗经·陈风·衡门》："衡门之下，可以栖迟。"衡门，横木为门。比喻简陋。⑤廉颇：战国时赵国名将。⑥山阿：山林隐曲处。此二句是指有才识之士纷纷退隐。海滨、山阿，都指隐退之地。

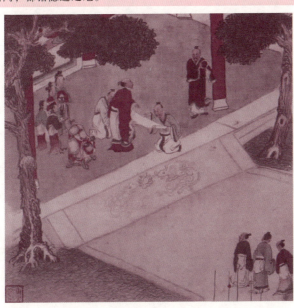

人物故事图之完璧归赵　清·吴历

272

天净沙

严忠济

宁可少活十年，休得一日无权。大丈夫时乖命蹇①。有朝一日天随人愿，赛田文养客三千②。

注释：①时乖命蹇：时运不顺，命运不好，时机不佳。乖，相背，不合。蹇，不顺利。②田文：号孟尝君，战国时齐国贵族，以好客著称。为招致天下贤士，门下有食客数千人。

人物故事图之信陵君夷门访贤　清·吴历

沉醉东风·维扬怀古^①

273

chén zuì dōng fēng

wéi yáng huái gǔ

tāng shì
汤式

jǐn fān luò tiān yá nǎ dā　　yù xiāo hán jiāng

锦帆落天涯那搭^②，玉箫寒江

shàng shuí jiā　　kōng lóu yuè cǎn qī　　gǔ diàn fēng xiāo

上谁家^③？空楼月惨凄，古殿风潇

sǎ　　mèng ér zhōng yí dù fán huá　　mǎn ěr biān shēng qǐ

洒。梦儿中一度繁华，满耳边声起

mù jiā　　zài bù jiàn kàn huā zhù mǎ

暮笳^④。再不见看花驻马。

注释：①维扬：扬州的别称。②"锦帆落"句：化用李商隐《隋宫》诗"玉玺不缘归日角，锦帆应是到天涯"诗意。那搭：哪里。③"玉箫寒"句：化用杜牧《寄扬州韩绰判官》"二十四桥明月夜，玉人何处教吹箫"诗意。④边声：边境响起的羌管、胡笳、画角、马嘶声。笳：古代西域少数民族的一种管乐器。

扬州四景图册之万松叠翠　清·袁耀

(274)

山坡羊·书怀示友人

shān pō yáng
shū huái shì yǒu rén

汤式
tāng shì

驰驱何甚^①，乖离忒恁^②，风波犹
chí qū hé shèn， guāi lí tè rèn， fēng bō yóu

自连头浸^③。自沉吟^④，莫追寻，田文
zì lián tóu jìn。 zì chén yín， mò zhuī xún， tián wén

近日多门禁^⑤。炎凉本来一寸心。
jìn rì duō mén jìn。 yán liáng běn lái yí cùn xīn。

亲，也在您；疏，也在您。
qīn， yě zài nín； shū， yě zài nín。

注释：①驰驱何甚：意谓奋力奔波，极卖力。②乖离忒恁：意谓抵触对立非常厉害。忒，过于、太甚。恁，如此、这样。③犹自：仍然、还是。连头浸：意为淹没过头顶。此句指遭到意外的打击，几乎遭到没顶之灾。④沉吟：深思、寻思。⑤田文：战国时的孟尝君。蓄门客数千，以好招贤蓄士著称。门禁：指宫门的禁令，以稽查出入，或守卫、警戒。此指设置障碍从中作梗的人。

杨柳青木版年画·携琴访友图

山坡羊·叹世

无名氏

渊明图醉①，陈抟贪睡，此时人不解当时意。志相违，事难随，由他醉者由他睡。今朝世杰非昨日②。贤，也任你；愚，也任你。

注释：①图：贪图。②世杰：当世之英杰。

渊明嗅菊图　清·张风

276

清江引·咏秋日海棠
qīng jiāng yǐn · yǒng qiū rì hǎi táng

无名氏
wú míng shì

寂寞一枝三四花，弄色书窗
jì mò yì zhī sān sì huā nòng sè shū chuāng

下。为着沉香迷①，梦见马嵬怕，且
xià wèi zhe chén xiāng mí mèng jiàn mǎ wéi pà qiě

潜身住在居士家②。
qián shēn zhù zài jū shì jiā

注释： ①沉香：指杨贵妃受唐玄宗宠幸在沉香亭赏牡丹花事。据《唐诗纪事》载：唐玄宗诏命移植牡丹于沉香亭前，与杨贵妃共赏，并命李白作新乐章。李白就眼前景象，作《清平调》词三首，有"名花倾国两相欢""沉香亭北倚阑干"之句，深得玄宗赞赏，使玄宗更加专爱杨妃。②潜身：藏身。居士：犹处士，有才德隐居不仕的人，佛家指在家修行之人。

松下闲吟图 南宋·佚 名

277

清江引 ·咏秋日海棠

无名氏

shuì qǐ bù jīn shuāng yuè kǔ　　lí jú xiū xiāng
睡起不禁霜月苦①，篱菊休相

dù　　qià yǔ dōng jūn bié　　yòu bèi xī fēng wù jiào
妒②。恰与东君别③，又被西风误，教

tā zhè fěn dié ér wú qù chù
他这粉蝶儿无去处④。

注释：①不禁：禁受不了。霜月：农历七月。②篱菊：生长在篱笆边的菊花，多为野菊。③恰：才，方才。东君：指春神。下句"西风"，指秋风。④粉蝶儿：形容飘落飞动的秋花。

东篱赏菊图 明·唐寅

278 水仙子·遣怀

无名氏

百年三万六千场①，风雨忧愁一半妨②。眼儿里觑③，心儿上想，教我鬓边丝怎地当④？把流年子细推详⑤：一日一个浅酌低唱，一夜一个花烛洞房，能有得多少时光？

注释：①场：某种活动的经历过程，此指一天的活动。②妨：损害、妨碍。③觑：看、瞧。④怎地当：如何担当得起，指鬓发挡不住忧愁烦恼的侵袭而变白了。⑤流年：光阴，年华。因年华易逝如流水，故称。子细：仔细。推详：推算明白。

杨柳青木版年画·东吴招亲

寄生草·闲评
无名氏

问甚么虚名利，管甚么闲是非。想着他击珊瑚列锦帐石崇势[1]，只不如卸罗襕纳象简张良退[2]，学取他枕清风铺明月陈抟睡[3]。看了那吴山青似越山青，不如今朝醉了明朝醉[4]。

注释：[1]石崇：西晋贵族，以豪奢著称。《世说新语·汰侈》载：石崇与晋武帝的舅舅王恺竞比豪奢。王恺手拿晋武帝赐给他的二尺来高的稀世珍物珊瑚树在石崇面前炫耀。石崇一看就用铁如意把珊瑚树击碎，然后拿出六七个三四尺高、堪称绝世的珊瑚树给王恺看。又《晋书·石崇传》载：王恺用紫丝布制成步障排列四十里长，石崇则用锦缎制成步障排列五十里长，压倒王恺。[2]卸：脱下。罗襕：古代高级官员官服。纳：交还。象简：用象牙制成的朝笏，于上朝时记事用。张良退：汉朝开国元勋张良，功成身退，辞官上山访仙求道。[3]陈抟：宋初著名隐士，相传他能一睡百日不醒。隐于华山，宋太宗赐号"希夷先生"。[4]"看了"句：化用宋初著名隐士林逋《长相思》"吴山青，越山青，两岸青山相送迎"诗句。

金谷园图 清·华喦

280

wú yè ér
梧 叶 儿

wú míng shì
无 名 氏

qiū lái dào jiàn jiàn liáng sài yàn ér wǎng nán
秋来到，渐渐凉，塞雁儿往南
xiáng wú tóng shù yè yòu huáng hǎo qī liáng xiù bèi
翔①。梧桐树，叶又黄。好凄凉，绣被
ér kòng xián le bàn zhāng
儿空闲了半张。

注释：①塞雁：北方边塞的雁。

临流抚琴图　南宋·佚　名

281 喜春来

无名氏

窄裁衫裉安排瘦①，淡扫蛾眉准备愁②，思君一度一登楼。凝望久，雁过楚天秋。

飞阁延风图 南宋·佚名

282

dāo dāo lìng
叨叨令

wú míng shì
无名氏

huáng chén wàn gǔ cháng ān lù　　　zhé bēi sān chǐ
黄尘万古长安路①，折碑三尺

máng shān mù　　　xī fēng yí yè wū jiāng dù　　　xī yáng
邙山墓②，西风一叶乌江渡③，夕阳

shí lǐ hán dān shù　　　lǎo le rén yě me gē lǎo
十里邯郸树④。老了人也么哥⑤！老

le rén yě me gē　　　yīng xióng jìn shì shāng xīn chù
了人也么哥！英雄尽是伤心处。

注释：①黄尘：指昏黄的尘土。由于在长安路上求取功名的人极多，车水马龙扰得尘土飞扬。万古：言历时久远。②"折碑"句：意为葬在北邙山的王侯公卿今天连三尺墓碑也被折断了。折碑，断损的墓碑。邙山，在今河南洛阳市东北。③乌江渡：楚霸王项羽兵败自刎的地方。④邯郸树：唐人沈既济《枕中记》，用黄粱梦故事写卢生做了一场美梦，醒来，满目所见不过是十里斜阳，萧森古树。汤显祖根据这个故事，编成《邯郸记》传奇。⑤也么哥：词尾衬词。

夕阳雁落图　清·高简

叨叨令

无名氏

绿杨堤畔长亭路①，一樽酒罢青山暮。马儿离了车儿去，低头哭罢抬头觑。一步步远了也么哥！一步步远了也么哥！梦回酒醒人何处？

注释： ①长亭：秦汉时十里置亭，为行人休息及饯别之处，称长亭，后指送别之处。

仿古山水图　清·王翚

284

叨叨令
dāo dāo lìng

无名氏
wú míng shì

溪边小径舟横渡，门前流水清
xī biān xiǎo jìng zhōu héng dù mén qián liú shuǐ qīng

如玉。青山隔断红尘路①，白云满地
rú yù qīng shān gé duàn hóng chén lù bái yún mǎn dì

无寻处。说与你寻不得也么哥，寻不
wú xún chù shuō yǔ nǐ xún bù dé yě me gē xún bù

得也么哥，却原来侬家鹦鹉洲边住②。
dé yě me gē què yuán lái nóng jiā yīng wǔ zhōu biān zhù

注释：①红尘路：通往繁华尘世的路径。②侬：我，吴语的自称。侬家犹言"吾家"。鹦鹉洲：在今湖北武汉市西南江中，这里泛指隐者栖居的水滨。

唐人诗意图之睡起宛然成独啸 明·陆治

285

hóng xiù xié
红 绣 鞋

wú míng shì
无名氏

yòu bù shì tiān mó guǐ suì，yòu bù shì chù
又不是天魔鬼祟①，又不是触

fàn shén qí，yòu bù céng zuò yán xí shāng jiǔ gòng shāng
犯神祇②，又不曾坐筵席伤酒共伤

shí。shī pó měi yī de xié bìng，dài fū měi zhì de
食③。师婆每医的邪病④，大夫每治的

chén jí，kě jiào wǒ xiū dā dā shuō shèn de
沉疾⑤，可教我羞答答说甚的？

注释：①天魔鬼祟：指被魔鬼所害，俗称中邪。天魔，天子魔的简称。鬼祟，鬼物害人。②神祇：天地神灵。神指天神，祇指地神。③伤酒共伤食：饮酒食过量使脾胃受伤。共：和，与。④师婆：女巫。每：们。⑤沉疾：重病。

村医图 宋·李唐

286

寨儿令 zhài ér lìng

无名氏 wú míng shì

鸳帐里①，梦初回。见狞神几尊恶像仪②，手执金锤，鬼使跟随，打着面独脚皂纛旗③。犯由牌写得精细④，劈先里拿下王魁⑤，省会了陈殿直⑥，李勉那斯也听者⑦：奉帝敕来斩你伙负心贼⑧！

注释：①鸳帐：夫妻共寝的帘帐。②狞神：面目凶恶之神。恶像仪：凶恶的形貌姿态、仪表。③皂纛旗：黑色大旗。纛，军中大旗。④犯由牌：宣布犯人罪状的告示牌。⑤劈先：首先、开头。王魁：古代有名的负心人。王魁考取功名后，绝情抛弃曾经山盟海誓"永不相负"的妓女桂英，桂英自尽，化为厉鬼夺了王魁性命。⑥省会：照会，告知。陈殿直：指陈叔文，殿直是官称。陈叔文授职后，家贫无力赴任，得到妓女兰英资助，便瞒着妻子与兰英成婚。为怕事发，他又把兰英和女奴推落水中，后二人鬼魂向陈复仇索命。⑦李勉：宋元杂剧《李勉负心》载，李勉在春游时遇一女子，与她私奔后，受岳父训斥，竟将原配韩氏鞭打至死。听者：听着。者，语气助词。⑧帝敕：玉皇大帝的诏令。

杨柳青木版年画·钟馗嫁妹

喜春来

无名氏

江山不老天如醉，桃李无言春又归，人生七十古来稀。图甚的，尊有酒且开怀。

宋儒诗意图　清·华　喦

288

普天乐
pǔ tiān lè

无名氏 wú míng shì

木犀风①，梧桐月。珠帘鹦鹉，绣枕蝴蝶。玉人娇一晌欢②，碧酝酿十分悦③。断角疏钟淮南夜④，撼西风唤起离别⑤。知他是团圆也梦也，欢娱也醉也，烦恼也醒也？

注释：①木犀：桂花的别称。②一晌：指不多的时间，片时，一会儿。③碧酝酿：绿色的酒。④断角疏钟：断断续续的号角声，稀疏的钟声。⑤撼西风：摇落草木的西风。

江干游赏图　清·华嵒

塞鸿秋·春怨

无名氏

腕冰消松却黄金钏①，粉脂残淡了芙蓉面，紫霜毫点遍端溪砚②，断肠词写在桃花扇③。风轻柳絮天④，月冷梨花院，恨鸳鸯不锁黄金殿⑤。

注释：①腕冰消：手腕肌肉消瘦。冰，凝脂，喻指女人肌肤雪白莹柔。钏：手镯。②紫霜毫：紫色兔毛制成的毛笔。端溪砚：以广东德庆县端溪产石所制的砚台。③断肠：形容极度忧伤的愁肠。桃花扇：指歌扇。④柳絮天：杨花纷飞的暮春时节。⑤黄金殿：犹言金屋，形容居室极其华丽。

雍正妃行乐图 清·佚名

(290)

贺圣朝^①

无名氏

春夏间遍郊原桃杏繁，用尽丹青图画难^②。道童将驴鞴上鞍^③，忍不住只恁般顽^④，将一个酒葫芦杨柳上栓。

注释：①贺圣朝：黄钟宫曲牌。②丹青：指红色、青色的绘画颜料。图画：绘图，画画。③鞴：本为驾车之具，此当动词用，意为将鞍鞯等套于马上。④恁般：这般。顽：顽皮。

仿古山水图 清·上睿

291

雁儿落带过得胜令·指甲

yàn ér luò dài guò dé shèng lìng · zhǐ jiǎ

无名氏
wú míng shì

宜将斗草寻①，宜把花枝浸，宜将绣线㧜②，宜把金针纫③。宜操七弦琴，宜结两同心④，宜托腮边玉⑤，宜圈鞋上金⑥。难禁，得一掐通身沁⑦。知音，治相思十个针⑧。

注释：①斗草：又称斗百草，古代青年妇女和儿童的一种游戏。春夏之时，同伴三数人，寻取草色中吉祥而罕见者多种，各道名目，比赛胜负。②㧜：拔扯，指刺绣时拔线出针的动作。③纫：缝纫，以线穿针孔。④结两同心：编织同心结，同心结，用锦带打成的连环回文样式的结子，是男女相爱的象征。⑤腮边玉：玉制耳环、耳坠之类。⑥圈鞋上金：指在鞋上饰以金边。⑦掐：捏、按。通身沁：指快感渗遍全身。⑧十个针：喻纤纤十指的指甲。

千秋绝艳图之灵女　明·佚名

清江引
qīng jiāng yǐn

无名氏
wú míng shì

(292)

chūn mèng jiào lái xīn zì jǐng　　wǎng shì bān bān

春梦觉来心自警①，**往事般般**

yìng　　　　ài shà táo yuān míng　　xiào shà hú ān dìng　　xià

应②。**爱煞陶渊明，笑煞胡安定**③，**下**

shāo tóu dà dōu lái bù jiàn yǐng

梢头大都来不见影④。

> **注释：**①**春梦：**比喻已成过眼云烟的功名富贵经历。②**往事般般应：**指以往的经历一桩桩都在梦境中得到应验。般般，件件。③**胡安定：**指胡瑗，宋海陵人，学者称安定先生，是宋代理学家，专讲君臣之份、礼仪之学，拘于礼法，"虽盛暑，必公服坐堂上，严师弟子之礼"。"徐积初见先生，头容少偏，先生厉声云：'头容直。'"作者认为胡安定的思想行为显得迂执可笑。④**下梢头：**结果，结局。**不见影：**意谓一场空。

扬州四景图册之平流涌瀑　清·袁　耀

293

玉交枝①

无名氏

休争闲气，都只是南柯梦里。想功名到底成何济②？总虚脾③，几人知？百般乖不如一就痴④，十分醒争似三分醉⑤。只这的是人生落得⑥，不受用图个甚的⑦！

注释：①玉交枝：南吕宫曲牌，又作《玉娇枝》，句式为四六、七三三、七七、六六。此曲，《全元散曲》引《太和正音谱（下）》，后有过曲《四块玉》。别本有的分列为二曲。②成何济：有何益处。济，成功，成就。③总：一概，全都是。虚脾：虚情假意。④一就：一味、一直。⑤争似：怎似。⑥的是：确实是。的，的确。落得：乐得，甘愿去做。⑦受用：享用、享受。

月曼清游图之围炉赋诗 清·陈 枚

294

殿 前 欢

wú míng shì
无 名 氏

谪仙醉眼何曾开^①，春眠花市侧。伯伦笑口寻常开，荷锸埋^②，曾何碍，糟丘高垒葬残骸^③，先生也快哉！

注释：①谪仙：指唐代诗人李白。《新唐书·李白传》：李白"往见贺知章，知章见其文，叹曰：'子，谪仙人也！'"称誉其才学超凡出众，如同谪降人世的神仙。②"伯伦"句：西晋刘伶，字伯伦，为人纵酒放达，曾作《酒德颂》。与阮籍、嵇康等人并称"竹林七贤"。《晋书·刘伶传》载："（伶）常乘鹿车，携一壶酒，使人荷锸而随之，谓曰：'死，便埋我！'"荷锸，扛着铁锹。③糟丘：堆积如山的酒糟。

仿古山水图之荷亭纳凉　清·上　睿

295

驻马听

zhù mǎ tīng

无名氏
wú míng shì

月小潮平，红蓼滩头秋水冷①。
天空云净，夕阳江上乱峰青。一蓑
全却子陵名②，五湖救了鸱夷命③。
尘劳事不听④，龙蛇一任相吞并⑤。

注释：①红蓼：蓼草花淡红色，故言红蓼。红蓼滩头常泛指隐居之处。②蓑：蓑衣。全：成全。子陵：东汉严光的字，隐居富春山，以垂钓著名。③"五湖"句：越国被吴王夫差打败后，范蠡与文种一道辅佐越王勾践，终于灭吴复国。灭吴后，范蠡功成身退，飘然而去。相传曾泛舟五湖得以保全性命。文种却因越王勾践听信谗言，赐金剑令其自杀。鸱夷：范蠡游齐国时，人称"鸱夷子皮"。④尘劳：佛教指尘俗事务的烦恼，泛指尘俗劳累事务。⑤龙蛇吞并：比喻社会政治生活中各派势力的争斗消长。一任：听凭，听任。

赤壁图　清·杨　晋

296

chén zuì dōng fēng
沉醉东风

wú míng shì
无名氏

fú shuǐ miàn qiān tiáo liǔ sī　　chū qiáng tóu jǐ duǒ
拂水面千条柳丝，出墙头几朵

huā zhī　　zuì kàn yǔ hòu shān　xǐng rù qiáo biān sì　zhèng
花枝。醉看雨后山，醒入桥边肆。正

jiāng nán yàn zǐ lái shí　dào chù tíng tái hǎo fù shī
江南燕子来时，到处亭台好赋诗，

shǎo jǐ gè zhī yīn zài cǐ
少几个知音在此。

唐人诗意图之流水断桥人晚渡　明·陆治

297 醉太平

无名氏 wú míng shì

堂堂大元①，奸佞专权②。开河变钞祸根源③，惹红巾万千④。官法滥，刑法重，黎民怨。人吃人，钞买钞，何曾见⑤？贼做官，官做贼，混愚贤⑥。哀哉可怜！

注释：①堂堂：有伟大、正大之义。《史记·滑稽列传》："以楚国堂堂之大，何求不得。"大元：元朝的尊称。此均为讽刺。②奸佞：狡猾奸诈、巧言谄媚的人。③开河：元顺帝至正十一年（1351），元帝为抢运江南粮食，派兵部尚书贾鲁治理黄河，征调民工二十万，筑堤浚淤，开凿黄河故道。官吏乘机搜刮，加重民众负担，百姓再次受灾，这是元末农民起义的原因。变钞：指元代统治者滥发纸钞，钞币经常贬值，兑换新币时，还要加收工本费。④红巾：元末由韩山童、刘福通等人领导的农民起义军，以头裹红巾为标志，故名。⑤钞买钞：元代币制十分混乱，每次改变钞法后，旧币仍与新币并行，官府还规定了兑换率，因而造成了新旧币互相倒买的现象。⑥贼做官：官至"万户"的朱清、张瑄，原是海盗。

仿韩熙载夜宴图之听乐 明·唐寅

298

<ruby>雁<rt>yàn</rt></ruby><ruby>儿<rt>ér</rt></ruby><ruby>落<rt>luò</rt></ruby><ruby>带<rt>dài</rt></ruby><ruby>过<rt>guò</rt></ruby><ruby>得<rt>dé</rt></ruby><ruby>胜<rt>shèng</rt></ruby><ruby>令<rt>lìng</rt></ruby>

雁儿落带过得胜令

无名氏 wú míng shì

<ruby>一<rt>yì</rt></ruby><ruby>年<rt>nián</rt></ruby><ruby>老<rt>lǎo</rt></ruby><ruby>一<rt>yì</rt></ruby><ruby>年<rt>nián</rt></ruby>，<ruby>一<rt>yí</rt></ruby><ruby>日<rt>rì</rt></ruby><ruby>没<rt>méi</rt></ruby><ruby>一<rt>yí</rt></ruby><ruby>日<rt>rì</rt></ruby>。<ruby>一<rt>yì</rt></ruby><ruby>秋<rt>qiū</rt></ruby><ruby>又<rt>yòu</rt></ruby><ruby>一<rt>yì</rt></ruby><ruby>秋<rt>qiū</rt></ruby>，<ruby>一<rt>yí</rt></ruby><ruby>辈<rt>bèi</rt></ruby><ruby>催<rt>cuī</rt></ruby><ruby>一<rt>yí</rt></ruby><ruby>辈<rt>bèi</rt></ruby>。<ruby>一<rt>yí</rt></ruby><ruby>聚<rt>jù</rt></ruby><ruby>一<rt>yì</rt></ruby><ruby>离<rt>lí</rt></ruby><ruby>别<rt>bié</rt></ruby>，<ruby>一<rt>yì</rt></ruby><ruby>喜<rt>xǐ</rt></ruby><ruby>一<rt>yì</rt></ruby><ruby>伤<rt>shāng</rt></ruby><ruby>悲<rt>bēi</rt></ruby>，<ruby>一<rt>yí</rt></ruby><ruby>榻<rt>tà</rt></ruby><ruby>一<rt>yì</rt></ruby><ruby>身<rt>shēn</rt></ruby><ruby>卧<rt>wò</rt></ruby>，<ruby>一<rt>yì</rt></ruby><ruby>生<rt>shēng</rt></ruby><ruby>一<rt>yí</rt></ruby><ruby>梦<rt>mèng</rt></ruby><ruby>里<rt>lǐ</rt></ruby>。<ruby>寻<rt>xún</rt></ruby><ruby>一<rt>yì</rt></ruby><ruby>伙<rt>huǒ</rt></ruby><ruby>相<rt>xiāng</rt></ruby><ruby>识<rt>shí</rt></ruby>，<ruby>他<rt>tā</rt></ruby><ruby>一<rt>yí</rt></ruby><ruby>会<rt>huì</rt></ruby><ruby>咱<rt>zán</rt></ruby><ruby>一<rt>yí</rt></ruby><ruby>会<rt>huì</rt></ruby>。<ruby>都<rt>dōu</rt></ruby><ruby>一<rt>yì</rt></ruby><ruby>般<rt>bān</rt></ruby><ruby>相<rt>xiāng</rt></ruby><ruby>知<rt>zhī</rt></ruby>，<ruby>吹<rt>chuī</rt></ruby><ruby>一<rt>yì</rt></ruby><ruby>回<rt>huí</rt></ruby><ruby>唱<rt>chàng</rt></ruby><ruby>一<rt>yì</rt></ruby><ruby>回<rt>huí</rt></ruby>。

桐阴清梦图　明·唐寅

醉太平

无名氏 wú míng shì

(299)

利名场事冗①，林泉下心冲②。小
柴门画戟古城东③，隔风波数重。华山
云不到阳台梦④，磻溪水不接桃源洞⑤，
洛阳城不到武夷峰⑥。老先生睡浓。

注释：①冗：繁杂、烦冗。②心冲：胸怀冲和、淡泊。③小柴门画戟：以小小柴门作为仪仗。画戟，彩饰的门戟，是王宫、权贵门前的仪仗。④华山云：相传南朝宋少帝时，南徐士子从华山畿往云阳，见客舍一少女，心爱她而无从接近，郁郁而死。其葬车过华山时，至少女家门，车不前，牛不动，少女妆点沐浴而出，歌《华山畿》一曲。棺木应声而开，女入棺，合葬。阳台梦：相传楚襄王梦神女于阳台下，巫山神女主动向楚王献身，朝云暮雨，欢会一时。⑤磻溪：姜子牙隐居垂钓遇周文王之处。桃源洞：指与世隔绝的隐者世界，为陶渊明《桃花源记》所写仙境。⑥武夷峰：在福建崇安县南，相传为神人武夷君所居之地。

林泉高逸图　清·方士庶

315

300

zuì tài píng
醉太平

wú míng shì
无名氏

jí pēng fān kuǎi chè　　xiǎn è sǐ líng zhé　　jīn
急烹翻蒯彻①，险饿死灵辄②。今

rén quán yǔ gǔ rén bié　　jiàn xué xiē gè zhuǎn zhé　　liáo
人全与古人别，渐学些个转折③。撩

hú fēng chì jǐn yuān le dú xiē　　diào jīng áo bù shàng chā
胡蜂赤紧冤了毒蝎④，钓鲸鳌不上扠

le chái biē　　dǎ qīng luán wú jì pū le hú dié　　lǎo
了柴鳖，打青鸾无计扑了蝴蝶⑤。老

xiān shēng shǒu zhuō
先生手拙。

注释：①**蒯彻**：秦汉之际的辩士，因为他曾劝说韩信背汉自立，汉高祖刘邦要将他烹死，
因善辩得以免死。②**灵辄**：晋灵公时人，家贫，赵宣子救助他，赏给他母子饭食，
后晋灵公派他刺杀赵宣子，他倒戈救护赵宣子。③**转折**：向相反的方向转。④**撩**：
取。**赤紧**：其实、当真。⑤**青鸾**：传说中的神鸟。

扑蝶图　清·费以耕

301 醉太平

zuì tài píng

wú míng shì
无名氏

近三叉道北，傍独木桥西。凿
开数亩养鱼池，编一遭槿篱①。蜂儿
值早衙催酿就残花蜜②，莺儿啼曙
光移梦绕芦花被，燕儿飞矮帘低衔
入落花泥。老先生未起。

注释：①一遭：一圈。槿篱：槿树植成的篱藩。槿，木槿，落叶灌木，夏秋开花，有白、紫诸色，朝开暮闭，可供观赏。②蜂儿值早衙：群蜂飞集，有如官吏清早上衙门排班。早衙，旧时官府早晚坐衙治事，早晨上衙谓之早衙。酿就：酿成。

仿古山水图 清·上睿

302

zuì tài píng
醉太平

wú míng shì
无名氏

nán huá jīng kàn chè　　dōng jìn tiè guān jué
《南华经》看彻①，东晋帖观绝②。

xī liáng zhōu měi yùn yì hú jié　　là hóng dēng zhào zhě
西凉州美酝一壶竭③，蜡红灯照者。

mù mián xuě bèi chūn chū rè　　chén tán yún mǔ xiāng yōng rè
木棉雪被春初热，沉檀云母香慵热④。

méi huā dǒu zhàng yuè ér xié　　lǎo xiān shēng shuì yě
梅花斗帐月儿斜⑤。老先生睡也。

注释：①**《南华经》：**《庄子》，唐玄宗天宝元年下诏称为《南华真经》。**看彻：**看遍、从头看到底。②**东晋帖：**东晋大书法家王羲之的字帖，后世尊为极品。③**西凉州：**元代将甘肃武威郡定名西凉州，这里指西域。**美酝：**美酒。④**沉檀：**沉香与檀香，熏香用的香料。**云母：**矿石，析为薄片可透光，此指用云母装饰的香炉。**慵：**懒散、困慵。⑤**斗帐：**小帐子，因其形如斗，故称斗帐。

百尺梧桐轩图　元·佚　名

醉太平·春雨

zuì tài píng · chūn yǔ

无名氏 (wú míng shì)

阻莺俦燕侣①，渍蝶翅蜂须②。东风帘幕冷珍珠，寒生院宇。响琮琤滴碎瑶阶玉③，细溟濛润透纱窗绿④，湿模糊洗淡画栋朱⑤：这的是梨花暮雨⑥。

注释：①俦：伴侣。②渍：沾。③琮琤：玉石相击声，常用于形容水石相击声。瑶阶：以玉石砌成的台阶。④溟濛：模糊不清。⑤朱：涂饰雕梁画栋的红颜料。⑥的是：确实是，实在是。

春居图　清·袁耀

醉太平

304

zuì tài píng

wú míng shì
无名氏

看白云万丈，映翠竹千竿。赋
kàn bái yún wàn zhàng   yìng cuì zhú qiān gān   fù

归来饱饷两三餐①，晃韶光过眼②。怕
guī lái bǎo xiǎng liǎng sān cān   huǎng sháo guāng guò yǎn   pà

行舟远使追张翰③，倦登楼烂醉思王
xíng zhōu yuǎn shǐ zhuī zhāng hàn   juàn dēng lóu làn zuì sī wáng

粲④，紧关门高卧袁安⑤。老先生意懒。
càn   jǐn guān mén gāo wò yuán ān   lǎo xiān shēng yì lǎn

注释： ①赋归来：指陶渊明赋《归去来兮辞》。饷：食物，吃饭。②韶光：美好时光。
③张翰：著名隐士。张翰因天下混乱，见秋风起，思念吴中家乡的莼菜鲈鱼而弃
官归隐。④王粲：三国时人。著《登楼赋》抒写感时怀乡之情。⑤高卧袁安：东汉
袁安。大雪积地丈余，封堵了家门和路，他仍卧家不出。问其因，他回答大雪人人
皆饿，不应出去求助他人。

雪景故事图之袁安卧雪　清·孙祜

沉醉东风
chén zuì dōng fēng

无名氏 wú míng shì

垂柳外低低粉墙，烛花前小小牙床①。镇春寒翡翠屏②，藏夜月芙蓉帐③。几般儿不比寻常，回首桃源路渺茫④，手抵住牙儿慢想。

注释：①牙床：装饰有象牙的精美的床或坐榻。②镇：压，这里为"挡"意。③芙蓉帐：用芙蓉花染缯制的帐。④桃源：此处指桃源洞。相传晋代刘晨、阮肇入天台山采药，失归路，采桃充饥，沿溪而行，遇二仙女，与之结成婚姻，因此称天台山上洞府为桃源洞。洞中有墙隔成的东、南二室，内各有绛罗帐，帐角悬铃，上有金银交错。刘、阮留居半年，返家后已十世，再寻仙女，不得其洞。

柳院消暑图 元·佚名

306

<ruby>凭<rt>píng</rt></ruby> <ruby>栏<rt>lán</rt></ruby> <ruby>人<rt>rén</rt></ruby>

<ruby>无名氏<rt>wú míng shì</rt></ruby>

<ruby>点<rt>diǎn</rt></ruby><ruby>破<rt>pò</rt></ruby><ruby>苍<rt>cāng</rt></ruby><ruby>苔<rt>tái</rt></ruby><ruby>墙<rt>qiáng</rt></ruby><ruby>角<rt>jiǎo</rt></ruby><ruby>萤<rt>yíng</rt></ruby>①，<ruby>战<rt>zhàn</rt></ruby><ruby>退<rt>tuì</rt></ruby><ruby>西<rt>xī</rt></ruby><ruby>风<rt>fēng</rt></ruby><ruby>檐<rt>yán</rt></ruby><ruby>外<rt>wài</rt></ruby><ruby>铃<rt>líng</rt></ruby>②。<ruby>画<rt>huà</rt></ruby><ruby>楼<rt>lóu</rt></ruby><ruby>秋<rt>qiū</rt></ruby><ruby>露<rt>lù</rt></ruby><ruby>清<rt>qīng</rt></ruby>，<ruby>玉<rt>yù</rt></ruby><ruby>栏<rt>lán</rt></ruby><ruby>桐<rt>tóng</rt></ruby><ruby>叶<rt>yè</rt></ruby><ruby>零<rt>líng</rt></ruby>③。

注释：①萤：萤火虫，古人认为是由腐草化成的夏季之虫，故言"点破苍苔"，常夜间飞出活动，又称流萤。②战退：害怕、畏惧。檐外铃：指檐马儿，即风铃。③零：凋零。

观瀑图 明·王谔

折 桂 令

无名氏

叹世间多少痴人，多是忙人，少是闲人。酒色迷人，财气昏人，缠定活人。钹儿鼓儿终日送人①，车儿马儿常时迎人。精细的瞒人②，本分的饶人。不识时人③，枉只为人④。

注释：①钹儿鼓儿：指出殡时的奏乐。②瞒：瞒骗。③不识时：不识时务。④枉只：枉自、徒然、白白地。

斗酒听鹂图 明·张翀

308 红衲袄①

无名氏 wú míng shì

那老子彭泽县懒坐衙②,倦将文卷押③。数十日不上马,柴门掩上咱④,篱下看黄花⑤。爱的是绿水青山,见一个白衣人来报⑥,来报五柳庄幽静煞⑦。

注释: ①红衲袄:黄钟宫曲牌,又名《红锦袍》。②那老子:指陶渊明,曾任彭泽令。老子,对男性的敬称。坐衙:到官署办公。③文卷押:指批阅文卷。押,在公文案卷上签署姓名或批文。④咱:着。句末助词。⑤黄花:菊花。菊花秋天开,秋令为金,以黄色为正,因称黄花。⑥白衣人:指童仆,送酒人,典出南朝宋·檀道鸾《续晋阳秋》,重九日,正弘遣"白衣人"给陶渊明送酒故事。⑦五柳庄:陶渊明作《五柳先生传》自况。因而人们也称陶渊明为"五柳先生",其隐居的庄园,人称"五柳庄"。

归去来兮辞之稚子候门图　明·马轼